中国少数民族人口丛书

仫佬族

翟振武 主编

黄润柏 袁丽红/编著

中国人口出版社
China Population Publishing House
全国百佳出版单位

图书在版编目（CIP）数据

仫佬族/黄润柏，袁丽红编著．—北京：中国人口出版社，2012.12（2022.7重印）

（中国少数民族人口丛书）

ISBN 978-7-5101-1515-8

Ⅰ.①仫…　Ⅱ.①黄…②袁…　Ⅲ.①仫佬族—民族文化—中国　Ⅳ.①K287.5

中国版本图书馆 CIP 数据核字（2012）第 288329 号

中国少数民族人口丛书　仫佬族

ZHONGGUO SHAOSHU MINZU RENKOU CONGSHU　MULAOZU

翟振武　主编　黄润柏　袁丽红　编著

责任编辑　魏小玲
美术编辑　刘海刚
责任印制　林　鑫　王艳如
出版发行　中国人口出版社
印　　刷　北京兴星伟业印刷有限公司
开　　本　710 毫米 ×1000 毫米　1/16
印　　张　10　插 1
字　　数　137 千字
版　　次　2012 年 12 月第 1 版
印　　次　2022 年 7 月第 2 次印刷
书　　号　ISBN 978-7-5101-1515-8
定　　价　42.00 元

网　　址　www.rkcbs.com.cn
电子信箱　rkcbs@126.com
总编室电话　(010) 83519392
发行部电话　(010) 83510481
传　　真　(010) 83538190
地　　址　北京市西城区广安门南街 80 号中加大厦
邮　　编　100054

序

如果把一个民族比作一颗星星，那我们就是生活在一个繁星满天的世界。当今世界上有约3000个民族，分布在200多个国家和地区，绝大多数国家由多个民族组成。中国也是同样，是由各族人民共同缔造的统一的多民族国家。在漫漫的历史长河中，生活在中华大地上的各族人民密切往来、交流融合、团结奋斗、休戚与共，形成了一个伟大的强盛的中华民族大家庭，共同开发了祖国的美好河山，共同推动了国家的发展和社会的进步。

在中华民族的大家庭中，有56个成员，其中有55个是少数民族。新中国成立以来，少数民族人口一直持续增长。1953年第一次全国人口普查时，少数民族人口总数为3532万人，占全国总人口的6.1%。2010年进行第六次全国人口普查时，少数民族人口总量达到了1.14亿，几乎是1953年的3倍，占到了全国13.4亿人口的8.5%。各少数民族人口数量相差较大，如壮族有1693万人，回族1059万人，满族1039万人，维吾尔族1007万人，而赫哲族只有5354人，塔塔尔族3556人，独龙族6930人。中国各民族的人口分布呈现大散居、小聚居、交错杂居的特点。汉族地区有少数民族聚居，少数民族地区也有汉族居住；许多少数民族既有一块或几块聚居区，又散居全国各地。中国少数民族聚居区大都地广人稀，资源富集。少数民族地区的草原面积，森林和水力资源蕴藏量，以及天然气等基础储量，均超过或接近全国的一半。全国 2.2 万多公里陆地边界线中的 1.9 万公里在民族地区。全国的国家级自然保护区面积中民族地区占到 85%以上，是国家的重要生态屏障。中国各民族的起源和经济、社会、文化的发展有着本土性、多元性、多样性的特点，五彩缤纷，丰富多彩。

要全面认识中华民族，就要从认识每一个民族开始。正是从这个理念出发，我们编写了这套《中国少数民族人口》大型系列丛书，力图从历史、文化、经济、社会等各个方面，用准确、科学、生动的语言，全方位描述和展现各少数民族灿烂辉煌的历史和现状，编织出一幅绚丽多彩的中华民族大家庭的“全家福”。

编写这样一套大型系列丛书，难度非同一般。几经论证和深入研讨，最终形成了编写大纲，这套丛书各个分卷的作者绝大多数由少数民族作家担任，他们不仅熟悉自己民族的历史和文化，而且对本民族有深厚的感情。在国家新闻出版总署、国家人口计生委和中国人口出版社的大力支持下，作者们历经数年，几易其稿，终成此书。值此丛书出版之际，我们衷心地祈愿这幅“全家福”能为民族的交流和团结，为中国的文化建设，为整个中华民族的繁荣昌盛，作出一份微薄的贡献。

翟振武

2012 年 5 月于北京

PREFACE

Every nationality sparkles like a star in the firmament. Now we have about 3000 stars distributed across the world in more than 200 countries, most of which are multinational. So is China, which consists of a number of nationalities. For centuries, all the nationalities have lived together, worked together and fought together, making China a prosperous unified multinational country.

Of all the 56 nationalities in China, 55 are minorities whose population has been increasing since the founding of The People's Republic of China. According to the first census in 1953, the minority population was about 35. 32 million, accounting for 6. 1 percent of China's total population. By 2010, the number had almost tripled. According to the sixth census, the population of the minorities amounted to 114 million, making up 8. 5 percent of the 1. 34 billion people in China. The population size of minority groups varies a lot. Some of them have a large population, for example, the Zhuang Nationality has a population of 16. 93 million; the Hui has 10. 59 million people and the Manchu consists of 10. 39 million people. Some of the minorities are quite small, such as the Hezhe, the Tatar and the Drung nationalities, which have populations of 5354, 3556 and 6930, respectively. China's nationalities live together over vast areas with some living in individual, concentrated communities in small areas.

Some minorities'concentrated communities are scattered among the Hans, and some Han people also live in the minority communities. Some minorities may have one or more concentrated communities, while their people spread all over the country. Most minorities'concentrated communities have their people sparsely distributed in large areas with abundant resources. The grassland, forest, water and natural gas reserves in areas inhabited by minority people account for about half of China's total. Further, 19 000 kilometers of the nation's 22 000-kilometer land boundary are in minorities'communities. In addition, 85 percent of the country's state-level natural reserves are in the minority areas, making the people important guardians of China's ecology. Each of the nationalities'origin is unique, and their development of economy, society and culture is full of variety.

Only by learning every aspect of the minorities'lifestyle can we have a comprehensive understanding of the Chinese nation. Under this notion, we write this series of books on the Population of China's Minorities to provide a detailed picture of our Chinese nation, with the glorious past and prosperous present of the country's minorities.

It is through trials and tribulations that we write this spectacular series of books. Most of the authors, who have profound knowledge of the minorities and wrote the books with their strong emotions, are members of minority groups. With the great support of the National Publication Foundation, the National Population and Family Planning Commission and China Population Publishing House, the authors completed the books after years of unremitting endeavor.

On the publication of this series of books, we are looking forward to seeing these books contribute to the unity of the Chinese nation and help our country flourish in the future.

Zhenwu Zhai
Beijing
May 2012

目录

目
录

综　述

仫佬族主要居住在我国广西壮族自治区的中部和北部，据第六次全国人口普查资料，全国仫佬族人口有21.6万多人，其中广西有17.2万人，占近80%。广西的仫佬族人口主要聚居在罗城仫佬族自治县，其余散居在罗城周边的宜州、柳城、都安、融安、融水等十几个市县内。

仫佬族是个历史悠久的民族，其先民可能源于“柳江人”。远在两三千年前，仫佬族的祖先为百越族群的一部分，生活在我国岭南的广阔土地上。先秦时期，仫佬族先民属于百越族群中骆越的一支，魏晋、隋唐时期为“僚”中的一支，宋元时期为“伶”中的一支，明清以来，相继以“穆佬”、“木老”、“木佬”、“姆佬”、“木老苗”、“伶”、“伶僚”等名称记载于文献之中。新中国成立后，经过民族识别，根据民族平等原则和该民族意愿，正式定名为仫佬族。

仫佬族语言属汉藏语系壮侗语族侗水语支，仫佬语的语言与毛南语、侗语非常接近。由于长期以来同汉族、壮族等兄弟民族杂居在一起，多数人通汉语和壮语，无本民族文字，通用汉文。

历史上，仫佬族人民为反抗封建压迫和统治，曾多次掀起反抗斗争。从明朝永乐七年（1409年）至清朝道光元年（1821年），先后爆发过规模不等的武装反抗斗争。太平天国革命时期，仫佬族人民组织秘密会党，积极参加太平天国起义。在新民主主义革命时期，仫佬族人民积极参与到中国共产党领导的革命斗争中。1930 年，邓小平同志领导的红七军北上路过罗城、天河县时，仫佬族人民积极支持和帮助红军。抗日战争中，仫佬族儿女组织武装队伍，加入柳北抗日挺进队，打击日本侵略军。1946 年以后，又掀起了反对国民党征兵、征粮、征税和抗租斗争，配合解放军解放罗城。新中国成立后，仫佬族人民从此当家做主人，从 1957 年开始有仫佬族人当选为县长。第三、第四、第五、第六届全国人民代表大会都有仫佬族的代表。经国务院批准，1984 年 1 月 4 日，罗城仫佬族自治县正式宣告成立，仫佬族人民获得了自治的权利。

仫佬族居住的地区属石山地区，境内“山如剑排、水如汤佛”，山峦起伏，竹木苍翠，风光旖旎，气候温和，雨量充沛。东奔南淌的溪流欢腾不息，因河流落差形成了大大小小的瀑布，恰似条条银河，又似粒粒珍珠串成的帘子。奇山秀水的“罗城八景”让人留连忘返，剑江风光更是让人如痴如醉。复杂的地质结构，蕴藏着丰富的矿藏，有煤、锡、硫磺、铁等 20 多种。其中，以煤的储量最为丰富，煤质较好，在广西久负盛名，有“罗城煤田”之称。

在长期与自然界的斗争中，仫佬族人民创造了自己独特的生产方式。仫佬族以农业为主，传统上以种植水稻、玉米等粮食作物为主，改革开放后逐渐进行农业结构调整，甘蔗、烤烟、毛葡萄和种桑养蚕等经济作物的种植迅速发展，不仅增加了农民收入，还为当地工业的发展提供了充足的原料保证。采煤、制造煤砂罐、编织、打铁等手工业也曾经在仫佬族经济生活中占有重要地位。仫佬人习惯农闲时挖煤，或作为家用，或卖出赚钱。由于聚居区石山居多，大田平地少，牛耕不利。因此，聪明的仫佬族人民一直沿用老祖先保留下的“踏犁翻番”耕作技术，现在仍与机耕并存。根据居住地区的自然条件和生产情况，仫佬族人民向来“以农为主，以商为辅”，即农忙时从事农业生产，农闲时兼做小商小贩，在仫佬族地区形成了众多的小集市，习惯上人们把它称作“以商补农”。他们烧制的“煤砂罐”轻巧耐用，别具特色。当地盛产各种竹子，仫佬族从事农业的同时，还从事编织手工业，仫佬族妇女编织的草帽是颇负盛名的手工艺品。

仫佬族的服饰独具特色。新中国成立前，无论男女都穿自织自染的青色土布。据史籍记载，明代以前，仫佬族妇女的服装，上衣为滚边的宽袍阔袖满襟衫，下着绣花桶裙，项佩银钏，耳戴银环，手戴戒指，腕戴手镯，颇具民族特色。近代，仫佬族男子平时穿琵琶襟上衣（只有富豪乡绅或有“功名”的人才可穿有领上衣或长衫）、长裤。辛亥革命以后，改为穿大襟衣服。与此同时，出现了“紧身衣”，这种服装胸围狭窄，小袖，多用于冬衣。妇女一般都穿大襟上衣、长裤。20世纪30年代以后，妇女的衣服式样有所改变，襟袖逐渐趋向短窄，衣袖缩至手腕处，无领逐渐变为有领。中老年妇女平日喜欢在腰间系青色围裙。女子未出嫁前梳辫，出嫁后挽髻，戴着精致的耳环、手镯、戒指。男子穿对襟上衣、长裤。在仫佬族服饰中，还有些特制的专用服装，如“送嫁衣”、“防老衣”、“麦秆帽”、“同年鞋”等，颇具特色。

仫佬族的主食以大米为主，以玉米、芋头、红薯、豆类、麦类等杂粮为辅，节日则以糯米食品为主；居住在峒场里的人家，则以玉米为主食，稻米、荞麦、红薯、芋头等辅之。仫佬族的饮食习惯，为一天三餐，早餐和中餐吃粥，晚餐吃干饭。吃粥时用酸辣食品佐食。仫佬人常吃冷食，饭菜一餐吃不完，第二餐食用时不再加热，特别是夏天尤其如此。菜肴以各种蔬菜和酸辣食品为主，肉类为辅。烹调肉类习惯于“白汆”，即把大块猪肉或宰净的整个鸡鸭放入水中白煮，然后切成小块，食用时再加盐，或蘸盐水。饮料主要是自酿的米酒和糯米甜酒。仫佬人多是喝生水，很少煮茶水。肉食禁忌不多，只在章罗、大新、思平等地的一些仫佬族中，有“罗不食狗，姚不食心”的传说。

还禁食猫肉、蛇肉。桐叶粑和特大粽粑是最有民族特色的食品。

仫佬族多聚族而居，有血缘关系的同一宗族的人往往居住在同一村寨内，其村寨多为一村一姓，只是在一些圩镇或较大的村寨，才有别的民族和姓氏杂居。仫佬族住房，一般是砖墙瓦顶的平房或楼房，形式多为四合院。无论是在平地或是斜坡上，房基都要修成高出地面30～60厘米的地台。传统的仫佬族房屋做工讲究，室内四周粉刷得油光滑亮，堂屋四周以及堂屋对面的墙壁上，都绘有各种精美的花纹图案，美观大方极富民族特色。民居中最突出的特点是在正房门边挖砌地炉，燃煤烧水煮食、烘物、取暖。近年来，随着改革开放的深入，仫佬族地区生产发展较快，致富了的农民建起新房，所起的多为高大的砖瓦房，房屋的布局仍大多保留仫佬族传统的格式，宽敞明亮，平整卫生，靠门边的厅堂上仍掘有地炉。

仫佬族一般盛行小家庭制，子女结婚后不久即与父母兄弟分居。男女分工不很严格，男子多做重体力劳动，妇女除操持家务劳动外，还可担负犁、耙田、打谷等重活。

仫佬族同姓不婚。过去普遍流行父母包办婚姻，青年男女虽可“走坡”恋爱，但成婚必须经过双方家长同意，寡妇再婚也必得经六房同意。仫佬族男女恋爱，除节日、集会和赶集时的交往相识之外，主要的恋爱方式就是在“走坡”中传歌互答交友。早期的仫佬婚姻有女方“以货求男”的风俗。这种习俗是因为历史上有段时期仫佬族处于女多男少的状况，这种性别比例的失调造成了女方家要给男方家送丰厚的财礼，否则难以出嫁。后来出现了“会亲”现象，它已改变了女求男的习惯而变成了男求女。仫佬族婚礼别具特色，礼仪繁杂，一般要经过说亲或走坡、合命、相亲、迎亲、送亲等程序。婚礼中，最吸引人的是接亲和送亲。接亲、送亲中最精彩的，当数“拦门”、“闹堂”、“送嫁十姐妹”等情节。2012年，《仫佬族婚俗》列入第四批广西壮族自治区级非物质文化遗产代表性项目名录。

此外，“不落夫家”也是仫佬族古老的婚俗之一。“不落夫家”就是结婚后第二天新娘即辞别夫家，回到娘家居住。之后等到春社、秋社日和农忙时节才回夫家住一两天。这样往返于两家间，有时长达三五年，有时长达七八年，称“走媳妇路”。这种习俗已趋于消失。

仫佬族主要实行土葬，丧葬仪式相当隆重，其丧葬习俗很多，老人去世，要向亲戚报丧。如果儿媳妇去世，还须外家过目后方可入殓；在入殓前，要到河边取水，为死者沐浴洗身，称为“买水”，之后为其穿上几层新衣。并请道师来举行“打斋”、“超度亡灵”仪式，择吉日安葬。如属凶死，不许抬尸进村，还要请道公举行“过火炼”和“上刀梯”仪式，替死者“净身”。这样才能使死者灵魂“入祖归宗”，家人亦可免遭类似厄运。仫佬人戴孝时间很长，父母去世后，儿女需要戴孝3年，将灵牌放置在家中，早晚供茶奉饭。3年后，农历七月十五日烧灵牌，才可脱孝。仫佬族丧葬仪式的全过程充满了佛教、道教等“阴阳两界”、“生死轮回”的宗教仪式。

仫佬族的民间信仰以巫、道为主，很多的法事仪式都是巫、道神职人员共同参与、通力合作来完成的。道教是多神信仰，崇拜的神很多，从天上的日、月、星辰、风、雨、雷电，到地上的山、水、树木、飞禽走兽，以及人间的先哲贤才、忠孝义烈之士都在其所崇拜之列。另外，还有很多占卜、符咒、禁咒等道术。较常见的巫术和道教活动有“问野敬”、招魂、架接命桥、添粮、添六马、添花架桥、遣村、遣家、打醮等，其中以依饭道场最为独特。

仫佬族的民间文学有神话传说、童话故事、寓言故事等。神话传说多以歌颂英雄、描写爱情为主旋律，代表作品有《凤凰山》、《垦王山》、《鸳鸯石》等；童话故事取材较为广泛，有取材于山水的《白米泉》，取材于动物的《桃树下的激战》，还有取材于植物的《首乌的故事》等；仫佬族的寓言故事很多且短小精悍，微言大义，以一个小故事来揭示深刻的哲理，给人以启迪和教育。

仫佬族是一个能歌善舞的民族，婚丧嫁娶、祭祖、逢年过节都要用山歌来表达自己的情感。仫佬族民歌多以男女二声部的对唱来进行，有“古条”歌、“随口”歌和“口风”歌三类。“古条”歌即叙事歌，有固定的歌词，歌唱历史故事、人物事件和神话传说等，如《唱罗城》、《孟姜女》、《刘三姐》等。“随口”歌为即兴吟唱的山歌，没有固定的歌词，歌手们可根据需要临时编唱，内容极为广泛，以情歌为主。“口风”歌为讽刺歌，劝人为善的歌称“正口风”，讽刺对方的歌则称为“烂口风”。“口风”亦无固定的歌词，形式不拘，由歌手在对歌时临时编唱。仫佬族的民歌形式非常多，可达七八十种。以句算的有“三句腔”、“八句腔”等；以字算的有“五字腔”、“十一字腔”等；以全歌字数算的有“九十字腔”、“三百六十字腔”等。

仫佬族的民间体育和民间游艺之间没有明显的界线，两者互相渗透、相辅相成，民间体育运动里有游艺部分，民间游艺活动中，有角力竞技、赛技巧的民间体育性质。较有特色的有斗鸡、抢花炮、舞草龙、象步虎掌、群龙争珠、凤凰护蛋等。

仫佬族节日很多，一年中几乎每月都有节日。和汉族一样，仫佬族也过春节、元宵、清明、端午等节。此外，还有自己特有的节日，主要有依饭节、走坡节、社节、婆王节、驱虫保苗节、祖先节、开塘节等。在众多节日中，最具民族特色、最隆重的节日是依饭节，又称喜乐节，每三年立冬以后择吉日举行。

仫佬族生产、生活中的禁忌很多，如挖煤时不许讲不吉利的话；进门时不能踏门槛；忌食猫肉、蛇肉，有的地方还忌食狗肉和猪心；大年初一，忌扫地，认为扫地会把钱财扫掉；忌吃荤菜，认为吃荤，家畜会得瘟病等。

第一章

百里长廊话仫佬

第一节 从绿色山水中走来

一、族源、族称与历史传说

仫佬族是我国少数民族中具有悠久历史的民族之一，自称伶或谨，汉族称之为“姆佬”，壮族用壮语称他们为“布谨”，其先民可能源于“柳江人”。远在两三千年前，仫佬族的祖先为百越族群的一部分，生活在我国岭南的广阔土地上。先秦时期，仫佬族先民属于百越族群中骆越的一支。魏晋、隋唐时期为“僚”中的一支，被称为“木佬”、“僚伶”。宋元时期为“伶”中的一支，元代史籍中有“木娄”、“木娄苗”的记载。仫佬族的名称，最早见于明代李宗昉著《黔记》一书所记“狇佬苗”。苗族是历史悠久的南方民族，古人往往统称南方少数民族为“苗”，李宗昉也把仫佬先民当作苗族的一支而记载为“狇佬苗”。明清以来，相继以“穆佬”、“木老”、“木佬”、“姆佬”、“木老苗”、“伶”、“伶僚”等名称记载于文献之中。新中国成立后，经过民族识别，根据民族平等原则和该民族意愿，正式定名为仫佬族。

仫佬族聚居的罗城仫佬族自治县是由罗城、天河二县于1952年8月1日合并而成。天河县始置于唐太宗贞观四年（630年），县治在今四把乡旧县屯；明神宗万历十九年（1591年）迁今天河镇。罗城县始置于宋太祖开宝五年（972年），分融水、武阳二县地置罗城县，县治在今东门镇。1983年8月30日，国务院批准设立罗城仫佬族自治县。

罗城风光 （李桐摄）

仫佬族中有罗、银、潘、吴、谢、梁、周、廖等大姓，其中以罗、银、吴、谢四姓人口最多。各姓都有自己的历史传说，其中以流传于罗姓民间的"先有罗义，后有罗城"的传说最为典型。传说很久以前，罗姓祖先罗全操带领他的儿子罗十一、罗十二来到当时还十分荒凉的凤凰山下，开垦出山地和良田，割草搭棚盖屋，开始在这里生活。后来不知过了多少代，子孙繁衍，人口多了，房子也多了，形成了村落，起名为"罗义村"。天长日久，这个仫佬山乡逐渐兴旺起来，那一年，皇上派出官员前来巡查，发现原先十分荒凉的凤凰山下竟出了个罗义村，这村又有良田好地，人畜兴旺，是"蛮地"中难得的好地方，就划地建了罗城县，县治设在罗义村。他们的祖先被迫迁往罗瑶村。这就是流传至今的"先有罗义，后有罗城"的传说。这个传说表明宋代

以前这里已居住着仫佬人，因为宋朝开宝年间罗城始设县治。仫佬族地区广泛流传的民间故事《垦王山》，塑造了仫佬族青年朵非的英雄形象，反映了仫佬族人民与反动统治者誓死斗争的顽强精神，也说明仫佬族是开创山乡的土著民族。

仫佬族有自己的语言，无本民族文字。仫佬语属汉藏语系壮侗语族侗水语支，与侗族、毛南族、水族的语言非常接近，也有部分词汇与壮语相同。由于仫佬族与汉、壮民族交往密切，多数人都兼通汉语，部分人还会说壮语，通用汉文。

二、历史上的仫佬族

公元前 3 世纪的战国末年，居住在岭南西部一带的仫佬族先民——西瓯骆越，已进入了阶级社会。秦汉时期，秦始皇统一岭南后，设置了南海、桂林、象郡三郡，设官置吏，把岭南统一在中国范围内。汉代分为九郡，仫佬族地区属潭中县地。这时大批的汉族人先后进入岭南，与西瓯骆越民族杂居，带来了先进的文化和生产技术，促进了岭南越族的融合和分解，加速了西瓯骆越民族社会经济、政治、文化的发展。

隋唐时代，中央封建王朝对岭南西部地区的统治进一步加强。唐代，逐步增加了州县的设置，派来了大批汉官进行直接统治，同时设置了几十个羁縻州县，任用当地少数民族首领为长吏，采取了“去者不追，来者羁之”的羁縻政策。唐高祖武德四年（621 年）平肖铣后，以隋代义熙县地置融州，领融水、武阳等县地，后改安修县。仫佬族地区属安修县，为桂州都督府管辖。这一时期，仫佬族的先民俚僚，社会经济已经得到进一步的发展，牛耕开始出现，稻田耕作技术有了提高，手工业的冶炼、淘金、制陶、采铜等技术，达到了相当高的水平。中央封建王朝又把一些著名的文学家或官员，如柳宗元、李商隐、

元结等人贬来（或派来）岭南做官，他们在那里设馆开班，传播中原封建文化和伦理道德思想。但仫佬族先民居住的天河、安修、武阳等地仍然存在奴隶制。

宋代，是仫佬族先民社会历史发展的重要时期。仫佬族形成单一民族，其时间大约也在宋代。据历史记载，宋太祖开宝五年（972年），以桂州琳洞地置罗城县，先隶融州，后属庆远府。委来汉官管辖，废除五代时的烦苛赋敛。宋仁宗皇祐年间，中央王朝镇压侬智高的起兵以后，在桂西广大地区普遍建立土司机构，而伶僚族住居的罗城、天河等地区却设汉官统治。“夹龙江居”的伶僚族，受汉族先进的生产技术的影响，已经出现了“种稻似湖湘”的情况。根据宋朝廷派到宜州任职的沙世坚撰《思恩府蛮人请留盐钱论碑》记载：当时仫佬族先民的民族头人，被侮称为“蛮长”。

明王朝建立后，一方面继承了宋、元之制，在罗城、天河、宜山等仫佬族聚居区设流官，推行里甲制度，调整统治辖区，进行更加严密的统治；另一方面，则在县官之下，增设了土巡检司、镇和寨堡等基层机构，利用当地少数民族头人为官，把流官与土官的统治结合起来。洪武二年（1369年），将融县（融安、融水两县境）管辖的东隅里、西一里、西七里、西九里、东五里、东九里、平东里、平西里、高元里、布政里、安祥里、乐善里等十三里的688村划归罗城县。洪武三十四年（1402年）设立安祥、乐善二里、莫离、武阳、通道三镇和寨那、寨印、寨城、寨岭四堡，大力推行堡兵制度，加强军事统治。明宪宗弘治九年（1496年）九月，“析天河县十八里地置永定长官司”，下设东禅镇、思农镇、归仁镇等土巡检司，设土官、副巡检各一员。在天河县和河池州之南（今罗城宜山县境），分设永顺副长官司和永顺正长官司，以壮族土酋韦万妙等为土官。这些统治者既有汉官，又有本地少数民族首领。

清王朝建立后，封建统治者在仫佬族地区编户置籍，把隶属柳州府的罗城县划为44堡。堡设堡目，目下领兵，推行严密的堡兵制度。后来削减为15堡，设堡目45人，其拥有土兵百多人。而在庆远府属的天河县仫佬族地区则设堡目一，拥有堡兵32人。后来又把堡目改为千总、把总。据康熙二十二年郝浴编《广西通志》说："伶者、僮之别种……编于版籍。赋役亦如熟僮。"又说："宜山伶，性习、居处、服食及婚丧，略与僮同，供赋役亦如熟僮。"这里所谓"伶"人，指的就是罗城、宜山一带的仫佬族，他们至此已正式编户置籍，与当地壮族人民一样，担负各种赋税、劳役。据史籍记载，顺治十八年（1661年），因为连年兵燹之灾，人民谋生艰难，知县于成龙曾采取了一些减免措施。到了乾隆、嘉庆之后，由于统治阶级的贪赃枉法，横征暴敛，各族人民苦不堪言，仅罗城一地，每年赋额征地丁银达2898两（遇闰加征银161两），米1493石，仓谷12 000石。当时，罗城县范围小，人口少，人民负担之重，已是不言而喻。

当时，仫佬族地区的社会经济已有了进一步发展。农业耕作技术已逐步提高，"马，邑中民间多用以代耕"；手工业的打铁、制刀、铸犁等，已有了专门作坊制作。随着农业、手工业生产的进一步发展，仫佬族地区已形成了一些初级圩市，使各族人民能够定期地前来进行农副土特产品及生活日用品的交换。史载："……伶俗随简，种山捕兽，时至圩市交易。"与此同时，煤矿也已经成批开采。据乾隆三十一年（1766年）广西巡抚宋邦绥奏称，"融县四顶山产白铅矿砂，因无煤炭，不能煎炼成铅。而罗城县冷洞山，踩有煤路，可以运往就煤煎炼，试采已有成效，请准其开采煎炼。照例每炼铅百斤，抽正课20斤，撤散3斤，造册报部稽核，户部议如所请从之。"中原的封建文化在仫佬族地区传播也已逐渐深入。明洪武初年，建立学宫。到清代中叶，又出现了不少的义学、社学，科举考试，除了规定每届招收汉族及入籍者少数民族文科 8 名，武科 8 名外，又另招收少数民族的苗学两名，仫佬族已开始有一些人精通诗文词赋而考取了举人和秀才。仫佬族已经进入较为发展的封建社会历史阶段。

鸦片战争爆发后，西方列强用大炮打开了中国的封建大门，一系列不平等条约的签订，外来经济文化的侵入，促使仫佬族地区的社会经济、政治、文化发生了深刻的变化。

在此期间，仫佬族人民和壮、汉各族人民的经济和文化交流日益密切，先进的生产技术和文化科学知识不断传入仫佬山乡，犁耙、锄头、镰刀等铁制生产工具已普遍推广使用，生产技术日益改进，翻犁、耙耘、下种施肥，中耕除草等，开始为人们所重视，农作物单位面积产量有了显著提高，人们除了在有水源的地区种植水稻外，在山坡旱地里还种植旱禾、玉米、黄烟、棉花等粮食和经济作物，以供人们生活所需和拿到市场上交换各种手工业产品，也有的直接卖给商人取得货币再买回日用商品。生产的进一步发展，促使了生产关系的进一步变化。农村中地主阶层逐步发展起来，许多农民因此丧失土地而赤贫化。历史上推行的堡兵制度强占去的大片田地依然保留下来。据调查资料，清光绪三十年（1904 年）以前，由小长安牛鼻河到东门、四把一带方圆几十公里的地区，凡是以堡为村名的地方，均有堡田，数量不少。堡目掌管堡田及征调堡丁服各种劳役大权，属于清王朝在仫佬族地区设置的基层统治者。后来有一部分人变成了地主阶级。堡丁的社会地位比农民低，按照封建统治者规定，堡丁不能参加科举考试，不能与一般农民通婚，喜庆会饮不能与一般农民共席。耕种的堡田可以不纳粮，但必须为官府服各种苦力劳役，如抬轿、挑担、供应马草、修筑城垣、道路等，随征随到，不得延误。地位有如农奴身份，世代被束缚在土地上。另外，历史上遗留下来的各姓宗族的祠堂田、蒸尝田、庙田、社田等，仍然继续存在，但数量不多。这些田属于一姓一

族公有的田地，由族长头人掌管，租给无地缺地农民耕种，每年收入租项，作为全年全族公共祭拜祠堂寺庙的开支。

总的来看，当时仫佬族地区土地占有情况，官田族田各占 1/10 左右，地主富农占有田 3/10 左右，农民占有田 1/2 左右。荒山岭地则属于各个村寨或族姓公有，每一家庭均可在那里垦植、放牧，不交租，谁种谁收。

手工业的生产基本上还是与农业生产紧密地结合在一起，一家一户，利用农闲时进行，如纺纱织布，多是自种、自纺、自织、自染、自缝、自用。一些人从市场上买回来的洋纱，大都用作纬纱。竹木家具大都是农户自己制作。当时仫佬族地区手工业制造比较有名的有梁莫村的犁头，大吴村的布鞋，新任村的竹器，张村的线草鞋，大罗村的竹麻草鞋，田梧村的纸扇，下凤立和杨梅村的竹帽，三堆村的砂罐等。在一些人口较集中的大村寨，以及东门、四把、天河、黄金、龙岸等一些集市，已经有一些专门制造农具、砖瓦、砂罐的作坊，但规模不大。此时，官、商地主合办的煤硫局已经出现，充当砂丁为官商采煤者，大多是仫佬族的穷苦人民。①

历史上，仫佬族地区自然灾害发生频繁，自然灾害给人们带来的苦难连年不断。据有关地方志书记载，从道光二十三年（1843 年）到光绪二十九年（1903 年）的 60 年间，仫佬族地区发生的重大自然灾害达 14 次之多，平均每四年多发生一次。其中旱灾两次，瘟疫病 4 次，地震 1 次，蝗灾 1 次。② 加上统治阶级的剥削和掠夺有增无减，广大农民无法生活，只好将仅有的一些土地抵押、变卖而丧失了生计，最后被迫到处逃荒流散。据光绪二十四年（1989 年）石门乡莫姓宗祠碑记载，这几十年间逃荒外地的户数达 200 多户。

① 仫佬族简史编写组．仫佬族简史．广西民族出版社，1983：35.

② 仫佬族简史编写组．仫佬族简史．广西民族出版社，1983：36.

鸦片战争后，清朝初年在仫佬族地区推行的“有事为兵，无事为农”的堡兵（屯兵）制度，发展成为团甲制度，建立团练局，局以下设团，以五甲烟户为一团，设团总；团以下设甲，一甲十牌，一牌十户，设甲长、牌长进行统治。在一牌之内的十户民家，必须得到牌长保结，上报团局，否则被认为是不清之户。光绪二十二年（1896 年），改设团防局。至光绪二十八年（1902 年），进一步成立联团局。至民国初年，罗城县划分为左、右、前、后、中五个区；天河县则划分为东、南、西、北、中五个区。各区分设团局，下设保董若干。各董划定范围，各领所属，遇有“匪警”，鸣角为号，互相呼应，共同行动。①

1912 年后，设立团总、保董、甲长等，利用原来的“冬头”为保、甲长，统治仫佬族人民。1933 年以后，随着国民党势力的深入，建立了区、乡、村的保甲制度，乡长兼任民团队长及小学校长，实行所谓“三位一体”、“五户连保”的反动统治。仫佬族中一些“乡老”、“族长”也往往上通官府，下揽族权，左右与土匪勾结，强迫群众遵守“乡约”、“族规”，竭力维护封建宗法制度。仫佬族人民和其他兄弟民族一起，曾多次掀起反封建统治的斗争。在抗日战争和解放战争中，一批先进的仫佬族青年参加了中国共产党领导的柳北抗日挺进队和柳北人民解放总队。罗城县的解放也得到了仫佬族人民的有力配合。

第二节 美丽如画的百里长廊

一、自然生态

仫佬族聚居区地处桂北的罗城仫佬族自治县，属广西、贵州交界

① 仫佬族简史编写组．仫佬族简史．广西民族出版社，1983：38.

的九万大山南缘地带，喀斯特地貌特征明显，这里有盆地、丘陵，还有一望无际的莽莽群山。境内地势高耸，峰峦起伏，山脉由西北部、中部、东南部三大石山带组成，大致由北向南延伸，西北部石山带属九万大山余脉，山岭绵延起伏。县境内地势西北高，东南低，西北部山坡植被茂密，是主要森林区；东北及东南部主要为平原及丘陵，地面起伏平缓，耕地连片集中，是水稻主要产区；中部及西南部主要为溶蚀峰丛洼地及岩溶低山地形，群峰之间有规模不大的洼地及小平原分布，耕地小片而分散，是大豆、玉米主要产区。

如画般美丽的山水①

全县土地总面积26.6万公顷，有耕地2.1万公顷，占总面积7.87%；森林10.7万公顷，占40.12%；牧地2.4万公顷，占8.91%；疏林草地1.1万公顷，占4%；宜农荒地0.74万公顷，占2.78%；宜林荒地7.2万公顷，占26.90%；石山7.8万公顷，占29.34%；水域0.6万公顷，占2.24%。石山主要分布在县境西北部，

①注：本书图片如未作说明均由两位作者拍摄提供.

荒山荒地主要分布在北部和中部。

当地气候属中亚热带季风气候区。日照充足，雨量充沛，严寒期短，无霜期长，一年四季均可栽种作物。据 1957～2002 年的气象观测资料统计：罗城仫佬族自治县（东门镇观测点）平均气温是 19.3℃。最热是 8 月，平均气温是 27.1℃。历年平均降雨量为 1380.8～1791.2 毫米，最多年为 2502.4 毫米，最少年为 1044.6 毫米。历年平均日照数 1388.8 小时，夏季最多，年平均 485.6 小时。

境内河流主要有武阳江、东小江、小环江，这 3 条河流共有 11 条支流，大小河流贯穿于大石山与土山丘陵、平原之间，与奇峰翠竹交相辉映，构成了一幅美丽的山水图景。

仫佬山乡物产资源丰富，境内生长有杉树、椎树、栲树、桐树、黑木姜、野八角等乔木 100 多种，还有小叶红豆、金丝李、银鹊树等珍稀树种以及种类繁多的灌木、藤类、草类、竹类、菌类、蕨类、地衣类植物，在龙岸乡还发现了两处共 15.05 公顷的原始稻类型野生稻。该区域还有黄连、紫苏、薄荷等药材 330 多种。盛产茶叶、毛葡萄、烤烟、香菇、黑木耳、金玉柚、大肉香姜、红香蒜、珍珠糯玉米等土特产，是广西的烤烟生产基地、中国毛葡萄之乡。这里的矿产资源丰富，重要矿产资源有煤、铁、锡、铜、锑、硫磺等，早在清代，仫佬族山区就设有官办煤矿，雇有大批仫佬族工人。

二、山水画般美丽的百里长廊

仫佬族聚居区四周青山环绕，中间层峦叠嶂，丘陵交错。从罗城县的龙岸镇北源村附近到宜州市西部的龙头乡，两面山峦绵亘，蜿蜒曲折，时断时续，组成一条长约 150 里的东北—西南走向的长廊，这就是人们惯称的“仫佬山乡”。这里风光奇异，景色迷人，犹如一个百里山水画廊，早在清初就有“山如剑排、水如汤沸”的描述，是仫佬

山乡经济、政治、文化中心。西部风光旖旎，素称“小桂林”：古镇天河，依山傍水，长桥飞架两岸；怀群的小河剑江，在群山翠竹中缓缓流淌，竹桥浮河面，俏峰映河中，两岸翠竹悠悠，宛如世外桃源，宁静古朴；东部地形开阔，土地肥沃，田连阡陌，绿树成荫，翠竹成林，物产丰富，自古有“想吃好饭，黄金龙岸”的美称；中部山峰形态各异，时如凤翔，时如美女梳妆，又似奔腾骏马、憨憨睡狮……幽深的古寺，印月的小河，古老神秘的岩葬，悠久的人文景观比比皆是，自古有“东门四把，好玩好耍”的美誉；西北部山峦层叠，溪水潺潺，古木参天，矿藏丰富，自古有“宝坛福地”的美名。

美丽的田园

传说著名歌仙刘三姐的故乡在风光如画的下里乡蓝靛村。蓝靛村全村姓刘，其族谱中有刘三姑太的记载，山谷的翠竹林中有刘三姐当年住房的遗址。蓝靛村位于宜州下枧河上游，《刘三姐》一剧中刘二唱的“从罗城逃到宜州地”，说的就是刘三姐从这里出去的。[①]

美丽如画的百里长廊，有蔚为壮观的“罗城八景”、五大旅游胜

① 罗城仫佬族自治县县志办编．罗城少数民族风情志（内部资料）．2004：9.

地，把罗城点缀得犹如一幅令人迷醉的山水画。在这幅美丽的画卷中，迷人的崖宜风光和秀丽的剑江山水最为引人入胜。

三、山水画中的仫佬人

美丽如画的山水间，居住着古老的民族——仫佬族。位于广西壮族自治区西北部的罗城仫佬族自治县，是仫佬族的主要聚居地。另有少数仫佬人散居在罗城附近的宜州、柳城、都安、融水、忻城、河池、环江、东兰、柳州等县（自治县）市。据第六次全国人口普查资料，全国有仫佬族人口 216 257 人，其中广西有 172 305 人，占 79.68%。仫佬族的主要聚居地罗城仫佬族自治县，据 1964 年人口普查，有仫佬族人口 42 893 人，占全国仫佬族人口的 81.2%；1982 年人口普查，有仫佬族人口 69 236 人，占全国仫佬族人口的 76.6%；2000 年人口普查，有仫佬族人口 110 893人，占全国仫佬族人口的 53.48%，占广西仫佬族人口的 66.65%，占全县总人口的 31.17%；2010 年人口普查，有仫佬族人口 123 327 人，占全国仫佬族人口的 57.02%，占广西仫佬族人口的 71.55%，占全县总人口的 33.40%。罗城仫佬族又有一半以上集中居住在东门、四把两个乡镇，据 2011 年的统计，东门镇有仫佬族人口 50 460 人，四把镇有 39 809 人，两镇共有仫佬族人口 90 269 人，占全县仫佬族人口的 72.37%。

第二章

仫佬风格

第一节　冬与冬头

“冬”是仫佬族同姓人之间用于区别不同血缘关系的社会组织，同“冬”的人是来自一个共同祖先的子孙。在仫佬族的各个姓氏特别是大姓中，几乎都有称为“冬”的社会组织，“冬”内的成员都是有血缘关系的同姓，但同姓不一定同“冬”，也就是说，“冬”是比姓氏更小的宗族单位。“冬”的划分是在同姓人中进行的，以数字为序，分别排比。每个大姓可以分为几个不同的“冬”，如银姓有“四冬”、“五冬”、“八冬”；潘姓有“五冬”、“六冬”、“七冬”等。

“冬”是一个有着悠久历史的社会组织，它的出现最迟在元代，甚至可能在宋代中叶就已经产生。因为立于明洪武二年（1369 年）的吴姓二冬祠碑，已经有关于“冬”的记载。① 它可能源于原始社会的家庭公社，原是仫佬族祖先共猎共耕，平均分配的社会经济组织形式。随着社会生产的发展，家族人口不断扩大，必然要分离出不同的宗支。“冬”就是仫佬族人民在长期的生产、生活中，出于婚姻活动中区别血

① 吴保华，胡希琼．仫佬族的历史与文化．广西民族出版社，1993：109．

缘的需要，或出于划清彼此的居住地、耕地的需要而随之出现的一种组织。

“冬”有大有小，但其户数和人口数是不断变化的，不一定随着社会的发展而不断发展壮大。由于在历史的发展过程中，仫佬族地区发生过诸如战争、自然灾害等各种各样的天灾人祸，或者是人类自身繁衍过程中出现的问题，出现了一些“冬”的人口不断减少直至灭绝的情况，导致了一些“冬”的消失。以罗城仫佬族自治县仫佬族的几大姓氏为例：吴姓，占罗城仫佬族总人口约15%，分为10个“冬”，至今还存在二冬、三冬、六冬和十冬，已消失6个“冬”，有四冬早年并入六冬的记载；银姓，占罗城仫佬族总人口约10%，分为8个“冬”，至今还存在四冬、五冬和八冬，已消失5个“冬”；谢姓，占罗城仫佬族总人口约10%，原分为多少个“冬”不详，现存四冬、六冬和八冬，至少有5个“冬”已消失；罗姓，占罗城仫佬族总人口约7%，原分为多少个“冬”不详，现存三冬和六冬，已有4个“冬”消失；潘姓，占罗城仫佬族总人口约10%，原分为多少个“冬”不详，现存五冬、六冬和七冬，也已消失4个“冬”。[①] 从以上几大姓氏可知，每个姓氏保存下来的“冬”都只是原来的一部分，有些姓氏甚至大半以上的“冬”都消失了，至于这些“冬”是什么时候消失的，现已无从考证。但这种情况的出现可能与过去生产、生活条件差，平均寿命较短和人口死亡率较高有关系。

作为一种宗族组织，仫佬族的“冬”具有以下几个特点：

第一，聚族而居。仫佬族有聚族而居的传统，其村寨多为一村一姓，因此有很多村子直接以姓氏命名，如大小罗村、大银村、谢村、大小潘村等，只有在一些圩镇和较大的村寨，才有与别的民族或姓氏

---

① 李甫春．“冬”与仫佬族源流追溯．中南民族大学学报（人文社会科学版），2004（1）．

杂居的情况。凡是同一个冬的人，往往居住在同一个村寨内，而且房屋都比较集中。如果在同一村寨中有几个冬，则各冬的房屋都建在本冬的范围内，以巷道相区分。如果因为人口繁衍而需搬迁他处，也多以同姓同冬之人建立新的村寨，不与他姓杂居。

第二，每个“冬”都建有祠堂，也称为“宗祠”或“冬祠”。祠堂是供奉和祭祀祖先的场所。仫佬族对敬祖极为重视，祠堂在仫佬人心中是极为神圣的地方，因而其建筑也极为醒目。进入仫佬族村寨，风格独特、颇有气派的祠堂无疑是最为显眼的建筑之一。仫佬族很多大姓的冬祠都极为气派，如至今尚存的银姓“五冬”祠堂，三开间，三进，加左右两厢，建筑面积约300平方米。2005年重建的银氏“八冬”的宗祠，始建于光绪三年（1877年），后因年久失修而倒塌，重建后的宗祠占地面积270平方米，建筑面积190平方米，三开间，分上下两厅。外墙贴上红色的瓷砖，房顶饰以琉璃，极为美观。而东门的潘氏宗祠，五大开间，二层，三进，建筑面积约700平方米，规模相当大，前二进作为议事、集会之用，后进置神台，台正中设祖先神位，神台及大门之上悬挂横匾，两侧挂对联，为木刻红底金字，整个宗族祠堂显得宏大、气派。①

第三，有族谱和族规。仫佬族对修族谱极为重视，各大姓氏各冬大多有自己的族谱，如大梧村六冬吴姓，早在清乾隆戊戌年已修有族谱，订出派辈字诗。② 而且很多姓氏多次修谱，据八冬银氏族谱序载，其族谱有乾隆三年（1738年）、乾隆三十四年（1769年）、同治元年（1862年）、民国十三年（1924年）以及最新的2005年本。③ 宗族内还订有族规，有的记载于族谱中，有的镌刻于石碑上竖立在祠堂之内，

① 吴保华，胡希琼．仫佬族的历史与文化．广西民族出版社，1993：109.
② 广西壮族自治区编辑组．广西仫佬族社会历史调查．广西民族出版社，1985：122.
③ 《银氏族谱（八冬）》“老族谱原序”，东门镇中石村银家献提供．

仫佬族银氏宗祠

也称为“祠堂规则”，用于规范族人的言行。族规的内容主要是约束族人的行为举止，其规定如：不得有任意妄为、恣淫乱伦等情；不论亲疏，均不能娶同宗共祖的姐妹、婶嫂等；变卖房屋土地，要先族人，后外人；不得为非作歹，通匪、勾匪忤害族人；有矛盾冲突，要先请族长公论，不能直接诉诸官府；调解矛盾纠纷时要息事宁人，不得受贿和徇私情等。族人必须严格遵守族规，如有违反，轻则受到处罚，重则革除族籍，没收家产作为宗族公产。

第四，每个冬都有冬头。仫佬族的每个“冬”都设有“头人”管理冬内事务，称为“冬头”，也称为“首事”、“族长”。“头人”的人数多少依冬的大小来决定，一般每个房族有一个头人，彼此之间没有从属关系，他们共同组成“议事会”或“首事集团”，遇事共同讨论决定。冬头是由群众公推产生的，一般是冬内辈分较高，年纪较大、有较高威望的长者，同时需具有组织领导才能，办事公道、见多识广，热心为族人服务，不计报酬。如果办事不公正，族人有权罢免他。“冬头”如果已经年老力衰，往往自动提出辞职，然后由族中各户的家长

集会另选。“冬头”是一种义务职，无任何权利和待遇，只是在每年会款杀猪供众人聚餐时，每人可多分半斤肉。虽然没有固定的报酬，而且任期不定，但他们的职权可不小，凡是宗族内的大事，如祭祀、婚丧、分家析产、田地买卖、制定和执行族规禁约、调解纠纷等大小事务，都由冬头来处理。

首先，主持祭祀活动是冬头的一项主要职能。仫佬族比较重要的祭祀活动有祭社王、祭婆王、清明节的联合扫墓、中元节祭祖以及依饭节祭祀活动等。集体祭祀活动一般都由冬头主持，包括祭祀前的准备和祭祀时主持仪式等。

其次，冬头的另一个职能是保管族谱和报丁册。前面已经提到，仫佬族对修族谱极为重视，族谱是联系族人的重要工具，凡聚族而居的同姓各冬，绝大多数都修有族谱，详载自远祖以来的各代世系。为了能在族谱中准确地记载人丁的情况，仫佬族有“报丁”的风俗。因此，与族谱相对应的，还有一个报丁册。清明节祭祖时，族中生育男孩的，必须到宗祠内“报丁”，把名字登上报丁簿，并须缴纳报丁费，作为购买香灯之用。族谱和报丁册均由冬头负责保管。

再次，主持宗族集会、制定会款禁约也是冬头的一项重要职能。为了维持地方秩序、维护社会生产的正常进行，每年村寨“头人”都要召集全村寨的民众开一次会，制定出该年须共同遵守的款约，俗称“会款”。会款禁约的内容可以涉及生产生活的各个方面，如四把乡五冬会款的内容有：（1）不准偷盗为匪，不准窝匿匪类；（2）不准放火烧山，违者受罚，揭者受奖；（3）地方所种农作物不得眼见心谋；（4）不准把牛马放入田垌，不得破坏水利，不得引人之田水，以免损害庄稼；（5）本大庙所属任何一村，遭匪攻打，他村必须群起援救，否则送官究治；（6）不得勾姑嫖嫂。[①]“会款”的日期由冬头们协商决定。

① 广西壮族自治区编辑组．广西仫佬族社会历史调查．广西民族出版社，1985：155～156.

会款之日，由“冬头”或首事们主持，全村成年男子集中到祠堂，由头人把公约条款逐一宣布，然后由众人逐条商议对违犯者如何处罚以及罚款数额等。在每项条款之下注明“花红”，谁碰上违犯者出手抓获，奖励一笔“花红”款。“花红”的数额约为罚款总额的1/3。有人触犯公约被罚，这笔罚金，除以一定数额奖给拿获的人外，其余则暂存头人手中，到会款时作买猪之用，不足之数，才由头人向各户摊派。条款议定之后，由村里的读书人或团总、乡老之类代为书写在竹木牌上，钉挂在村头巷口，使众人皆知。每年会款时村众聚餐一次，每户平均出钱，各户派一人开会，会后这人就参加聚餐。① 中石村的银姓在“会款”日还举行“打灰包”的射击比赛，中头枪和二枪的人，奖给猪脚，所以这种射击比赛也叫“打猪脚”。

此外，调解纠纷也是冬头的重要职责。族人相互之间发生纠纷，包括族内有人分家析产、典卖房屋、婚丧礼仪等，往往也要请头人主持或调解。冬与冬之间发生纠纷，则由各冬的头人相互协调处理。在古代仫佬族地区，很多时候头人的威信比当地官府还要高。

在封建社会，“冬”一度成为官府缴纳粮款而划分的区域单位，“冬头”要负责为官府催征钱粮，变成专门督促催交粮赋捐税的机构。新中国成立后，虽然“冬”的功能被弱化，“冬头”的职能也随之减少，但其在宗族祭祀、调解民间纠纷等方面仍然发挥着重要的作用。

第二节　家与房族

家是人生的驿站，是人们避风的港湾，是心灵栖息的乐土。在每个人的心中，家都是极其重要的地方，因为家里有你至亲的人。家就

① 广西壮族自治区编辑组．广西仫佬族社会历史调查．广西民族出版社，1985：243～244.

是由有血缘关系的人构成的群体。家庭是仫佬人最基本的生活和生产单位。仫佬族民间有句谚语："树大分桠，仔大分家。"在仫佬族社会，几代同堂的大家庭是比较少见的，大多为一夫一妻及其未婚子女所组成的小家庭，一般儿子结婚之后，就分家另过。

仫佬族的家庭为父权制家庭，父权在家庭中占统治地位。作为家长，父亲有权支配家庭所有财产，可代表全家直接与外面发生任何关系（如放债、借贷、合伙做生意等），有权包办家中各成员的婚姻事宜。[①] 如果父亲年老力衰，而儿子又已成长结婚，掌财的大权才由父亲移到儿子手里，但这种情况下，家中重大事情的处理，儿子都要得到父亲的同意，才能去做。如果儿子已经分居，父亲便不再过问儿子对家庭财产的处理。

同父的兄弟对家庭财产的继承一般是平均分配。长子娶妻生子之后，往往就要与父母弟弟分家。兄弟分家时，要请内房族来主持，把家中的田地房屋及其他财产，平均搭配，然后拈阄而定。长子没有多分多占的特权。如果分家时弟弟尚未结婚，家庭较富裕田地较多的，要多分若干田给弟弟作为结婚的费用；家贫无田可分的，到弟弟结婚时，已分居的兄长，则要筹集一些钱给弟弟作结婚费用。父母在儿子分家时，有的留一份养老田，由儿子轮流代耕，以其收获供养父母；有些田地少的，不留养老田，则由儿子平均分担父母的生活费用。兄弟分家时，如果还有姐妹未嫁，她们便跟着父母，父母跟哪个儿子生活，她们便在这家吃住，并帮干农活，作为抵消兄弟的生活费用负担。兄弟分家时，如果儿子都已结婚，有的父母各自开火，但父母与幼子同居共食者占多数，除非幼子的媳妇讨厌老人，父母才离开所有的儿子，自成一家。父母去世后的丧葬费用也由兄弟平均负担，有养老田的可以卖田作丧葬费，如果不卖则由兄弟均分，或留作清明田，由兄

① 广西壮族自治区编辑组．广西仫佬族社会历史调查．广西民族出版社，1985：86.

弟们轮流耕种，作为清明节扫墓备办祭品及聚餐之用。

家庭中妇女的地位较低，女子是没有财产继承权的，家庭中的一切财产，大多由亲生儿子继承，儿子多的由儿子们平分，无子的可以分给继子或者上门女婿来继承，如果都没有，财产的继承权便属于六房，由自己的兄弟、从兄弟、再从兄弟或其子孙来继承。① 总之，女儿是不能继承父母的财产的。家庭财产由妇女掌管的也较少，除非丈夫或儿子都极为愚笨，不知掌管数目，或者丈夫和儿子时常外出。在旧社会，除未婚的青年女子可以在节日里和男子唱歌交际外，其他的社会活动，如祭祀、会餐等，妇女是不能参加的。但她们却担负着极重的生产劳动，既要打理家务，也要参加耕种等生产活动，所有的农活，妇女差不多都会干，而且干的活并不比男子差。尽管如此，她们还是免不了受到歧视，有时甚至要被丈夫打骂。

那些没有孩子或者有女无子的家庭，多半是接养男孩以继承香火，只有极少数留女儿在家招赘。如果儿子去世，儿媳可以招赘，承宗接代，继承产业，但要尽量选择"同姓不同冬"的同辈男子入赘，如果招外姓男子入赘，赘婿必须改原夫家的姓，方能继承家产。赘婿地位较低，在社会上普遍受歧视，因而入赘者多数为家贫无钱娶妻的男子。男子入赘时需改名换姓，其班辈按女方兄弟的辈分排，继承财产时，还需抽出少量田地，分给族人。如果赘婿是带钱上门的，还有当家作主的权利，婚后如与女方家庭不和，可以携带妻儿另立门户；如果是空身进屋，在家庭中没有身份地位，如果女方家里讨厌他，便可以把他赶走。

家庭的礼节比较简单，一般是小敬大，大敬老，长辈可以直呼小辈的名字，小辈叫唤长辈只能呼其关系称号，不能直呼长辈的名字。吃饭时必须等人到齐，特别是要等老人到齐后才能动筷，冬天围炉吃

① 广西壮族自治区编辑组．广西仫佬族社会历史调查．广西民族出版社，1985：86.

饭时，要让老人坐背风的方向，晚辈要替长辈添饭。家中前厅最敞亮的左、右厢房，分别安排为家中辈分最大、年事最高的男、女主人的卧室。前厅香几桌旁，摆有一张带扶手的靠椅，是最老者的“专座”。长辈的话，晚辈要听从，有异议只能提出自己的见解同长辈商量，绝不能顶撞或打骂长辈，否则被视为忤逆不孝。

在家庭之上，仫佬族按照血缘关系结成家族的亲疏关系，称为“房族”。房族可分为内六房和外六房，一般把祖父三代以内的近亲称为“内六房”，五代以内的称为“外六房”。五代以上只能称为“同族”，九代以上，则认为血缘疏远，可以“打老庚”（结拜兄弟）和“认寄爷”。但无论隔多少代，只要是清明时祭扫同一个老坟的族人，都不能通婚。

同房族的人是血缘较近的亲属，其关系要比同宗族的人紧密一些，凡是家庭中较重要的事情，都要“请六房”。如卖田地必须征得内六房族人的同意，否则别人便不敢买，其他如兄弟分家、离婚写字据等，也要请内六房的人到场，否则就认为无效。遇到婚丧嫁娶，同房族的人一般都要前来贺吊或帮忙，如结婚时的接亲和送嫁，多半是由同房族的男女前往；特别是有老人去世时，同房族的男女老幼都要到丧家帮忙料理丧事，丧家则要请所有的房族吃饭喝酒。如果遇婚丧大事时家庭经济困难，同房族的人有互相帮助的义务。

新中国成立前，共祖的房族往往还占有一些公共山场，原来是各户共占，后来子孙多了，便分成几份。公山内的土地原来同族人可以自由垦种，后来人们将垦熟的地据为自家私有，并可出卖。只有那些不能垦种的石山，留着长柴草，供同族人樵采。这些山场都要迭石为墙，作为界限，彼此不得越界樵牧。①

仫佬族社会中“家庭—房族—冬”的社会结构形式，是以个体家

① 广西壮族自治区编辑组．广西仫佬族社会历史调查．广西民族出版社，1985：243.

长制家庭为基础，以父系血缘为纽带而联合起来的宗法性家族形态。[①]个体家庭是人们生产和生活的基本单位，是宗族结构中最基层的组织；房族是由五代以内的共同祖先传承下来的家庭组成的，分为三代以内的“内六房”和五代以内的“外六房”，他们处于宗族结构的中间层；房族之上，由同一祖先传承下来的人构成“冬”，“冬是仫佬族宗法式家族结构的最高层次的组织”[②]。

第三节　地炉暖全家

一、依山傍水的仫佬村寨

仫佬族聚居区多山，其村寨多为依山傍水而建，房屋多建在山脚下或离山脚不远的地方，一般水田区的建筑在平地上，峒场区的建筑在斜坡上，背靠石山，面临田垌。虽然村边间有一些古树，但已为数不多，不过各村寨后山往往古树参天，郁郁葱葱，常年为绿树所覆盖，可谓乡村一景。因为按照仫佬族的风俗，村后山是“风水林”，任何人不得砍伐，否则会受到神灵的惩罚。即使别的山因采樵取薪砍伐过多，少见林木，人们也不敢到“风水林”中砍柴，因而村后山是仫佬族地区生态环境保护得最好的地方。背靠青山，面向绿色的田野，错落有致的仫佬族村庄显得格外美丽。

仫佬族有聚族而居的传统，有血缘关系的同一宗族的人往往居住在同一村寨内，其村寨多为一村一姓，只是在一些圩镇或较大的村寨，才有别的民族和姓氏杂居。因此，仫佬族村寨一般房屋建筑比较集中，反映出聚族而居的特点。其房屋一座紧挨着一座，村内各户屋与屋之

---

① 黄兴球．论仫佬族“冬”的宗法关系及其性质．广西民族学院学报，1995（3）．
② 黄兴球．论仫佬族“冬”的宗法关系及其性质．广西民族学院学报，1995（3）．

间有高低、曲折的巷道相连，便于联防。为了便于行走，巷道多用石板铺成。如果村中有同姓不同冬的，各冬的房屋也以巷道相区分。过去，因为社会治安状况不好，为了加强防卫，每村都筑有围墙和闸门，巷道里面，也闸门重重，而且往往修筑有高高的炮楼。柳城县古砦仫佬族乡的滩头屯，四层高的炮楼至今仍完好地保存着，墙上布满内大外小比较规整的射击孔；高大的门楼和围墙也还在，只是已不同程度地遭受了损毁。仫佬村寨中还有一些比较独特的如祠堂、婆王庙、社王庙等公共祭祀场所，村边大树下放置一些石块，有些上面可能还刻有棋盘，既可在炎热的夏季供人纳凉闲谈，还可以在闲暇时下棋解闷。

二、四合院式的仫佬民居

仫佬族传统民居是泥墙、瓦顶的平房建筑，其结构一般是砖墙、木架、瓦盖。仫佬族房屋做工讲究，注重装饰，不仅室内四周粉刷得油光瓦亮，外墙更是装饰得美轮美奂，有木雕、灰塑、壁画等。在门头、挑首和檐板、承重枋等处有几何、花草、葫芦、金钱等图案的木雕装饰；在墙壁下方，用掺和了煤粉的灰沙抹一米高，绘上青砖条纹，给人古色古香之感；而在大门墙壁上和内壁上方往往绘有人物故事、山野风光、

仫佬族村寨的炮楼

龙凤、梅花鹿、蝙蝠、花草虫鱼、树木等精美的图案，绘工精细，极富民族特色。

传统的仫佬族民居大都有一个四合院，进门是天井，再进去是正屋，正屋结构多为一排三间，内分六室：正中一间分前后两室，前为正厅，后为后堂；正厅中间靠墙设祖先神位，多数在墙壁上端架一横板，作为安置香炉之用，在香火神龛下放一张小长桌，称为“香几桌”，用于放置茶具水壶等杂物，正厅的两边，摆放长凳椅子，大门背后的两个屋角，堆放常用的农具；后堂为家中青年妇女休息和做针线、纺织活动的场所；厅堂两侧分前后四间卧室，前房较宽，是老人们的居所，后房较窄，是青年人的卧室。墙上各开有约一尺五寸见方的小窗，以通空气和阳光，光线较暗。房间上面用隔板分为两层，上层作谷仓或堆放杂物。地基稍宽的，还有一座一排一至三间的下座。有的大门正对中厅，有的在正屋或下座前面，砌筑一道围墙，再开大门。有上下两座的房屋，猪栏牛圈，多在下座；单是一排三间的，则留一间作猪牛栏。厕所多建在屋外。厨房和碓房，有的在正屋天井旁的小屋内，有的在下座内，如果没有小屋和下座，便在厅堂旁的房间内。

门楼及外墙装饰

三、地炉暖全家

仫佬族住房中最突出的特点是以“地炉”做饭取暖。地炉是仫佬族家庭特有的烧火、取暖设备，既可烧水煮饭，又可作冬天取暖之用。当地使用地炉至少已有400多年的历史，明代田汝成所著《炎徼纪闻》中就有“掘地为炉燃烧白炭”的记载。仫佬人家使用地炉的习惯与仫佬族地区盛产煤炭有关。仫佬族聚居区蕴藏着丰富的煤炭资源，人称“百里煤乡”。仫佬地区的煤层浅，质地好，多属无烟煤，过去称为“白煤”，硬度大，热能高。村民们农忙种田，农闲挖煤，因而家庭用煤十分方便。地炉正是仫佬人适应用煤的需要而创造的一种独特的烧火取暖设备。

地炉

地炉一般打在厅堂内大门一侧，其造法为：先挖个约一米深的大坑，用砖砌炉底，架上炉桥，再砌炉膛，膛深尺许，膛径五寸；在炉旁埋一个水罐，炉膛前留个煤灰坑，上盖活动板，炉口、罐口、活动板均与地面齐平，最后用泥土填平炉灶周围，表面再打上三合土即可。地炉的特点是一炉多用，节省燃料，此炉可用于煮饭、炒菜、沤猪潲、熬酒等，而在炉上烧火做饭的同时，又可加热水罐中的水。地炉一般昼夜有火，埋在地下的陶罐中的热水，洗脸、洗手、洗澡，随时可用。晚上放上一锅猪菜，第二天早上就沤成一锅猪潲，不用看火，极为方便。寒冷的冬季，只要关上门窗，即使室外滴水成冰，室内亦温暖如春，因为炉火的热能通过炉口、地面、罐中的热水向空中散发，阴雨天还可烘烤衣物、萝卜干等；到了夏日，打开窗户，让山风吹入屋内，炉火热气很快消散，气温如同寻常一样，并不闷热。

四、营造温馨的家

不管是在古代还是现代，不管是在城市还是在乡村，买房建房都是人生中的一件大事。对居于山乡的仫佬人来说，建造一间房子绝对不是一件简单的事。经济条件一般的仫佬家庭，建造一座房屋，通常都要花三四年时间准备材料，因为砖瓦都要在农闲时陆续自造。建一间房，需要花一两年来做瓦和火砖、泥砖，一年购买木料，请木匠做门窗及桁条、瓦椽等。材料准备齐全了，才能动工兴建。

仫佬族有互相帮工的传统，谁家建房，就邀请同房族的人前来帮忙，等到别家建房时再去还工。建房时填地基、挑泥运石、运砖瓦等小工，一般都由本房族帮工的人来做，主家只需以酒菜招待帮工者，不需付工钱。因为要招待做工的人，所以建房那一年还需养一两头大猪，作为建房时的菜肴。

仫佬人建房十分讲究。首先是房址的选择要看“风水”，不但每一座房屋要有利吉的“座向”，要请风水先生“定罗盘”，就是整个村落的座向、后龙、朝山等，都要经过选择。其次是要“择日”。凡是建屋打基、下脚、安门及砌墙结尾的日子和时辰，都要请风水先生择定，

尤其是开工奠基的日子，须根据房屋座向和主家的生辰八字来确定吉日良辰。再次，在建房过程中需举行一系列的仪式。奠基前，主家要在基址上祭祀天地神灵，待时辰一到，主家先把地基右前角的第一块石头放下，并压上一些硬币，再以相同的方法放置其余三个角的石块，之后石匠和帮工才动手垒砌地基。安门和行砖也要举行简单的仪式。正梁上山墙是建房中的标志性大事，因而在建房的诸多仪式中，以“吊梁”仪式最为隆重。房子的四面墙砌好之后，要在中堂悬挂一条横梁，称为“正梁”。吊梁时，用背带系梁木抬上墙，背带有“代代相传”之寓意。正梁吊上墙放好之后，要把稻穗、高粱、竹叶三角粽挂于梁上，表示五谷丰登，日子红红火火。之后还要举行“煞宴”仪式。举行仪式前，主家先将自家种的谷子、自织自染的青布、自家的算盘、铁秤、钱币等物放在一个大箩筐中，置于新房中堂，然后和亲友一起观看仪式。举行仪式时，主家要请工匠师傅穿上新衣新鞋，到了良辰吉时，工匠师傅手捧一只大公鸡，从右到左绕墙头一周，工匠师傅每绕到一面山墙顶端时，便与主家唱和“煞宴”词，以示驱走凶神恶煞，祝贺主家四季平安。① 师傅走完山墙之后，绕到中堂右侧，把主家事先放在中堂的谷子、算盘等物以及砌墙用的墨线、砌刀、角尺等工具一一抛下，主家一件件接住，不能落在地上，否则被认为不吉利。

仫佬人进新居也很讲究，要举行专门的仪式。新房建成之后，要请先生选吉日进新房。进新房的前一天，要举行安家神仪式，即请法师来把祖宗神接进新居。其做法如下：由法师把原来香火台上香炉中的一部分香灰取出，放进新香炉里，在新香炉底放几枚硬币，然后点燃一束香插在新香炉中，法师念过符咒之后，把两张沾有鸡血的纸钱贴在香炉上，最后带领主家男女老少护送香炉入新居，安在神位上。次日一大早，主家的长者就先到新房烧一堆火，火烧得越旺就越吉利，

---

① 章立明，俸代瑜．仫佬族——广西罗城县石门村调查．云南大学出版社，2004：236.

预示着将来生活越红火。全家人都穿上新衣服，把家里的好东西或新的东西装进新箩筐，一一挑进新房。天大亮之后，亲戚朋友便带着米担、花红、镜屏、礼金等贺礼前来庆贺，主家准备丰盛的菜肴招待亲朋好友。到晚上，个个酒足饭饱之后，就设歌坛对歌。人们用歌声表达对新居落成的庆贺，祝福主家，感谢主家的热情款待："唱支山歌贺主家，新居落成人人夸，饭热菜香酒又美，勤俭为本好当家。"主人答："新居落成喜洋洋，多亏兄弟来帮忙，菜少酒淡对不起，兄弟请你多包涵。"歌场一直进行到第二天天亮才散，新房里的阵阵歌声，更增添了喜庆的色彩。

第四节　美味佳肴香四方

一、饮食结构

俗话说："人是铁，饭是钢，一顿不吃饿得慌。"这句俗话说明了饮食在生活当中的重要性。仫佬族的主食一般以稻米为主，以玉米、芋头、红薯、豆类、麦类等杂粮为辅，节日则以糯米食品为主；居住在峒场里完全种畲地的人家，则以玉米为主食，稻米、荞麦、红薯、芋头等次之。

仫佬族的饮食习惯，与当地的汉族、壮族比较接近，一般一天吃三餐，早餐和中餐以粥为主，晚餐以干饭为主。过去贫苦人家一日三餐皆吃粥，吃粥时一般用酸辣食品佐食。粥的品种比较多，除了纯稻米粥之外，仫佬人还喜欢用稻米掺玉米或大麦来煮粥，还有南瓜粥、芋头粥、绿豆粥等；米饭的品种也有白米饭、红薯饭、南瓜饭、五色糯饭等。仫佬人常吃冷食，饭菜煮熟之后，一餐吃不完，第二餐食用时就直接吃冷的，不再加热，特别是夏天，有的人家早上煮一大锅粥，从早上吃到晚上。

菜肴以各种蔬菜和酸辣食品为主，肉类为辅。过去蔬菜品种不多，夏秋两季有蕹菜、苋菜、豆角、南瓜等，冬春两季的菜主要是芥菜和萝卜；现在蔬菜品种较多，适合南方生长的各种青菜、瓜类、豆类、笋、莲藕等都有。肉类中以猪肉为主，辅以牛肉、鸡肉、鸭肉、鹅肉、鱼虾等。以前仫佬族几乎家家户户都养猪，少则一两头，多的达七八头，养大之后，大多卖给猪贩。如果杀来卖，多少会留一些自食。过去有很多人家专门留一头猪到过年的时候自家杀，除了食用少部分新鲜猪肉外，大部分拿来做腊肉或者腌粉肉。腊肉和腌粉肉都可以留很长时间，慢慢食用。最近几年，因为养猪的利润不是很高，而且年轻人大多外出打工，所以养猪的人家逐渐少了，那种过年家家户户杀猪的热闹场面也很难见到了。

饮料主要是自酿的米酒和糯米甜酒。平时口渴了，仫佬人多是喝生水，很少煮茶水。

二、特色食品

酸辣食品。仫佬人的饮食习惯，其中一个特点就是酷嗜酸辣，基本上家家有酸菜坛和辣椒钵，少则几个，多则十数个。关于酸菜坛，仫佬族地区流传一个有趣的故事：相传在几十年前，有个外地姑娘嫁到仫佬族地区，一天，家里人都外出干活了，只有新娘一人在家。到了傍晚，新娘准备做饭，她进到婆婆的房间找米，结果一连揭开了十几个坛子，看到的不是酸豆角，就是酸辣椒、酸芋苗，各种各样的酸菜数也数不清，锅里的水都烧开了，米还没找着。后来婆婆收工回来，才化解了新娘子的尴尬。

仫佬人的酸菜品种十分丰富，常见的有嫩姜、豆角、黄瓜、萝卜、芋苗、蒜头、蒜苗、蒜苔、薤头、薤苗、刀豆、莴笋、辣椒、莲藕等。

仫佬族地区有句顺口溜："三天不吃酸，走路打乱串。"可见酸菜在其饮食中的重要性。仫佬人喜吃酸辣食品与其居住的生活环境和生活习惯有关，仫佬族居住地区河流不多，干旱不时发生，种菜的人少，特别是到了冬春季节青黄不接的时候，吃菜比较困难，而把蔬菜腌成酸菜可以长期保存，随时可以吃。仫佬族平日喜欢吃粥，早中餐多是吃粥，而酸辣菜香气扑鼻、美味可口，无疑是配粥的绝佳食品。

酸豆角

仫佬人的酸坛分水坛和干坛两种。水坛腌的多是时鲜瓜菜，腌时需先将酸坛起好，然后把需腌的菜洗净晾干水，再投入坛中，两三天即可食用。酸坛可反复使用，随时可以把需腌的菜放进酸坛中，但每次腌的菜不耐久存。干坛腌菜比较复杂，首先将菜洗净切碎晾成半干，然后用食盐搓匀，再拌上糖、酒或甜酒、辣椒粉等调料，再入坛压紧，密封坛口，一两个月后即可食用，可保存一两年不变质。干腌的酸菜，酸、甜、咸、辣、香五味俱全，脆嫩爽口，别具风味。

糯米食品。仫佬人喜欢吃糯米食品，逢年过节家家户户都会准备一些糯米做成的食品。仫佬族的糯米食品种类很多，有粽粑、糍粑、五色糯饭、糯米酒等。

仫佬人包的粽粑有两种，一种是小凉粽，即用稻秆灰泡糯米，然后用竹叶包裹成长方形或三角形，不拘冷热，均可食用。另一种是大冬叶粽，每个重 5～6 斤，像大枕头，故称枕头粽。吃的时候可以直接

食用，或者把粽子切开一片片，放进锅里煎至两面金黄，煎过之后味道更鲜美，色泽也十分诱人。包枕头粽的季节一般在二月社（春分前后），姑娘婚后第一次到夫家过节或生小孩后回娘家，家里都要包大粽粑相送。

春节期间，仫佬人家家都冲糍粑，又叫“斗糍粑”，多的做几百斤米，少的做三五十斤。到了年三十晚，小伙子们高举丁字形榔锤，一上一下，把事先煮熟的糯米饭放在舂臼中冲碎，然后妇女们把冲碎的糯米捏成一个个又圆又扁的饭团，先放在用蛋黄或茶油抹过的大簸箕里，在糍粑上盖上各种颜色的花纹图案，然后移到芭蕉叶上晾干。吃“满月酒”时送的斗糍粑最有特色，一般是小箩筐下装白米，上面堆放五至八个塔形的斗糍粑，第一个直径八九寸，恰好盖住箩筐口，第二个直径七八寸……往上每个直径依次递减一寸，层层堆成塔形，最后一个只有一寸直径，颇为美观。

小凉粽

仫佬人的桐叶粑也很独特，其做法是：将糯米浸泡后磨成细粉，揉捏成狗舌状，外加芝麻粉，再用桐叶包扎蒸熟。因其形状似狗舌，因此又叫“狗舌糍粑”。它松软可口，味道甜美，再撒上芝麻糖粉，更令人回味无穷。

水圆是仫佬地区常见的一种糯米食品，其做法是：先将糯米浸泡，沥干水后，用碓舂或石磨磨成细粉，然后加热水，像和面一样揉成团，再分搓成小团，放入开水中煮熟，加盐或糖食用。

五色糯饭也是仫佬族地区常见的一种风味食品，通常有红、黄、黑三种颜色。其做法是：先选好优质糯米，用红兰叶汁、黄花木汁、枫树叶汁，将糯米分别染色，然后合而蒸之。染色的糯米饭色彩斑斓，有特殊的香味，据说还有防病祛邪、治疗腰酸骨痛的功效。

到了农历九月初九重阳节，仫佬山乡家家户户都会选出一部分上好的糯米制作糯米甜酒。制作甜酒，必须在重阳节前一天把糯米洗净，浸泡一天，在重阳节当天就可以捞出，用慢火清蒸，蒸熟后把饭倒出来散热，至微温时洒上甜酒曲粉，把饭与甜酒曲粉拌匀后装入酒坛发酵，几日后酒香溢出，即告成功。之后用石灰膏封坛，或置于阴凉处，或埋入地下，一般在一年后启坛，滤掉米渣后可直接饮用。糯米甜酒是仫佬山乡农家最喜欢的传统饮料，醇香扑鼻，是御寒的上佳饮品，老少皆宜。

地炉火锅。地炉火锅是仫佬人独特的吃法，特别是在寒冷的冬季，一般家庭都喜欢围着地炉吃火锅。在烧得旺旺的地炉上，坐上煤罐或铁锅，加上大半锅水，在锅当中放上高脚盐碟，内盛食盐、辣椒、葱、蒜、香菜，加上酸醋或酸水，就餐者围坐在炉边，边取暖，边闲聊，待锅里的水开了，就把洗净切碎加调料腌好的肉类、蔬菜，一样样分次放入锅里，待熟了夹起来，再蘸上酸辣盐水，就可以吃了。即使边聊边喝，吃上几个钟头，肉菜亦不失鲜、甜、香、脆、嫩、热的可口滋味。尽管室外寒风凛冽，室内人仍会周身发热，额头冒汗。

风味食品。牛肉条是仫佬族的风味小吃，是用仫佬族先祖在罗城传承下来的祖传秘方精心制作而成的。罗城牛肉条是手工精制而成，酥松可口，香辣独特，味道纯正，是下酒佐餐、外出旅游、休闲零食、家居享用及送礼馈赠之佳品。

白炟肉是仫佬山乡的一种风味食品。白炟肉很讲究火候，一般八分熟即出锅，因而切开肉时近骨处往往还夹着血丝，这样做出来的肉鲜嫩味美。

鸭酱是仫佬山乡味美色鲜的调味佳品。用鸭酱调味吃白炟肉，无比美味。

粉蒸肉是仫佬地区的一道特色菜肴。仫佬人家的粉蒸肉不限于猪肉，鹅肉、鸭肉、排骨等均可用于制作粉蒸肉。仫佬族中元节祭祖的时候，七月初七就要把祖先灵魂接回家，要备猪肉、鸡、鸭三牲祭祖，连续 8 天，每天早晚都要焚香供奉后才能用餐，直到七月十四。过去因为买肉不方便，很多人家都是一次就买很多肉回来，做成粉蒸肉有利于保鲜，粉蒸肉做好后拿到外面去晒，越晒越香，每天早晚蒸了供祖灵。久而久之，粉蒸肉也逐渐成为了日常的美食，味美而不腻。

晾晒粉皮

干切粉是仫佬族地区的特产之一，又叫只粉、汤皮，具有耐煮、有弹性韧性、入口爽滑、味道鲜美等特点，风味独特，深受老百姓欢迎，是人们早餐的首选。平时在市场上看到的干切粉就是捆成一扎一扎卖的。吃的时候，要先把干切粉放入开水里煮软，再加点佐料，即可食用。辣椒是食用干切粉时的常用配料，一般的粉店都会有不同种类的辣椒，如糟辣、辣椒酱、豆酱、辣椒粉、辣椒油等配料供顾客选择，顾客可根据个人喜好随意添加。

猪红糯米香肠，仫佬语称之为“猪槲棒”，味道香甜，既是一种特色小吃，也可作为菜肴食用，过去农家一般在过年杀猪的时候制作。

三、饮食禁忌

过去，仫佬族一般人都不吃蛇肉、狗肉、猫肉，道公、师公、巫婆更是严格禁食，如果有人要吃蛇肉、狗肉，则不能在家里煮。人们认为这些动物带有秽气，吃了会出灾祸。也有的禁吃牛肉。

在年节和一些特殊仪式中也有饮食禁忌。如正月初一忌吃荤菜，否则不吉利，家畜会生病；石门村田心屯在正月初一还禁吃青菜，认为吃了青菜当年就会没有收成。办丧事的时候，孝男孝女不准抽烟、不准喝酒、不准吃猪肉，特别是不准吃带酸味的食物，因为食物发出的酸味和棺木里面发出的气味会是一样的。新中国成立前，办丧事时还必须用手抓饭吃，用瓢舀饭。①

仫佬族还有“吴不食狗，姚不食心”的说法，意思是吴姓仫佬人不吃狗肉，姚姓仫佬人不吃猪心。“吴不食狗”的原因，有一个神奇的传说故事。

相传很久以前，吴姓仫佬人的始祖只有一个儿子勒甸，出生刚 3

① 章立明，俸代瑜．仫佬族——广西罗城县石门村调查．云南大学出版社，2004：157.

个月，其母亲就生病去世了。当时正是寒冷的冬季，小勒甸没有奶吃，又冷又饿，被冻僵了。他父亲以为他死了，就把他放在门后的狗窝里，准备出去找工具把他埋掉。父亲走后，母狗回窝睡觉，勒甸得到母狗身体散发出的热气，逐渐苏醒过来，肚子饿找奶吃，摸着狗奶就吸起来。当父亲回来时，看到儿子熟睡在母狗身旁，鼻子有节奏地动着，小脸蛋红扑扑的。从那以后，父亲就让他和母狗一起睡，吃狗奶。勒甸长大之后，每天带着“狗娘”四处游猎，维持生活。有一天，勒甸上街喝醉了酒，回家的路上就醉倒在路边睡着了。突然，山岭起火，火借风势，没多久，勒甸就被围在火海之中，母狗怎么弄他都不醒，眼看大火就快要烧到勒甸的身边了，母狗情急之中，跑到不远处的水塘，跳入水中滚了一身湿泥，然后跑回勒甸的身边打滚，把他周围的草地打湿，这样来来回回数十次，终于将他周围的草地打湿了。勒甸得救了，但母狗却累坏了，回家之后不久就死去。为了报答母狗的恩情，勒甸给它造了一座很好的坟墓，并且告诫子孙后代不准杀狗吃狗肉。

“姚不食心”的来源也有一个神奇的传说。相传在一个冬天的夜晚，突然间四处传来牛角号、竹绑声、喊声：“番鬼佬来了，各村各寨，快点起来出山打番鬼!”于是，山里的姚、吴、银、梁、潘、罗等姓的仫佬人纷纷烧火做饭，匆匆吃完后扛起大刀、斧头、棍棒、茅标冲下山去。姚姓的仫佬人煮猪心，可是煮来煮去都不熟，一锅水干了又添上一锅水，猪心还是血红血红的。眼看别村的人都走光了，姚姓仫佬人只好匆匆吃几碗白饭就紧追出去。当他们赶到山坳时，看到吴、银、梁、潘、罗等姓仫佬人已经全部躺在血泊之中。这时，山外的大财主勒布正坐着轿子，领着兵丁大摇大摆地上山来。姚姓仫佬人终于明白了，原来是大财主用计诱杀仫佬人！姚姓仫佬人马上折回山里，组织长廊地带的各姓仫佬人，男女老少齐上阵，设下一个埋伏圈，等着勒布的人自投罗网。勒布以为山内的仫佬青壮年男子都死光了，做着掳掠钱财的美梦，得意地哼着山歌往山上来。只听一声轰响，四周山上滚下一排排大石头，还没弄清楚是怎么一回事，勒布就和他的那些兵丁见阎王爷去了。姚姓仫佬人胜利归来，看到锅里的猪心仍在滴血，才知道是猪心显灵，保住了姚姓仫佬人的生命，保佑整个仫佬山乡未遭洗劫。从那以后，姚姓仫佬人再也不吃猪心了。①

第五节　远去的琵琶襟与紧身衣

一、传统服饰

战国时期的荀况有一个千古名句："青，出于蓝而胜于蓝。"现在我们常用这句话来比喻学生超过老师。而这句话的原意是指靛青是从蓼蓝里提炼出来的，但是颜色比蓼蓝更深。青，即靛青，是一种青色颜料，常用于染布；蓝，即蓼蓝，是一种可以提炼颜料的草，也叫蓝靛草。

仫佬族传统服装

据清代谢启昆的《广西通志·诸蛮》载："宜山姆佬（仫佬）即僚人，服色尚青。"仫佬人的青色服装就是用蓝靛染成的。仫

① 罗日泽，过竹，过伟著．仫佬族风俗志．中央民族学院出版社，1993：29～30.

佬人自种棉花、蓝靛，用棉花纺纱织布，蓝靛染布。秋天，蓝靛成熟以后，先将蓝靛草收割，并且洗净晾干。然后把蓝靛草放入大缸中，用水浸泡，加入适量的石灰调和，约10天后，待其腐烂，把剩下的杆渣隔除，再用长杆木锤将其捣烂，直到出现青蓝色的泡沫为止。沉淀后，将水除去，等靛蓝的水分完全蒸发，即成靛蓝，可将其盛到容器内以备用。染布的时候，将布放进染缸，用蓝靛水浸泡，着色均匀后捞起，用米汤、薯莨、牛皮胶糊面，晾干，用石碳滚压或用棒槌敲打。这样制作出来的布料闪闪发亮，经久耐用。过去，仫佬族家家都有纺纱车和织布机，每个女孩子在出嫁前都要学会种棉、摘棉、纺纱、织布、染布、缝衣、刺绣等一整套制衣的工艺。新中国成立前，仫佬族人无论男女老幼，均穿着自纺、自织、自染、自缝的蓝色或黑色土布衣服。

据史籍记载，明代以前，仫佬族妇女的服装，上衣为滚边的宽袍阔袖满襟衫，下着绣花桶裙，项佩银钏，耳戴银环，手戴戒指，腕戴手镯，颇具民族特色。

近代，仫佬族男子平时穿琵琶襟上衣（只有富豪乡绅或有“功名”的人才可穿有领上衣或长衫）、长裤。上衣长度可掩盖臀部，身宽袖大，前襟右衽为琵琶襟，缝扣开在右胸侧，单扣，无风领，衣袖约长过手指五六寸，俗名“木桶盖”，也称“琵琶襟”。裤子的裤筒长齐踝骨，由膝及踝，上宽下窄，近踝处开叉，以便束缚，两个裤筒不相连，各个上端系带一条，穿着时，把带系在裤腰带上，裤管便不会下坠。有时也穿套裤。普通人家的成年男子一生只缝制一件长衫，一般作客的时候才穿。辛亥革命以后，穿琵琶襟的人逐渐减少，改为穿大襟衣服，大襟衣将开于胸右侧的襟，移到肋下，其他式样与琵琶襟相同。与此同时，出现了“紧身衣”，这种服装胸围狭窄，小袖，长度不超过手，对襟，密扣，多穿在外衣里面，因衣窄而紧贴身体，风不容易吹

人，比较保暖，多用于冬衣。紧身衣多为中年以下的人穿，老年人仍然喜欢穿宽服长袖的衣服。之后，又改穿对襟衣，较为窄短，袖子不盖过手，前面有两个或四个口袋，扣子完全在中间，衣口也有扣子，都是布扣。腰带是人们常用的衣服配饰，冬天，用长约一丈，宽约一尺的青布扎腰，既保暖，又便于工作。

妇女一般都穿大襟上衣、长裤。妇女的上衣长度一般都到膝盖，青年人虽较短，但也须盖过臀部，大襟，无领，胸围和袖都很宽松，前襟缘扣及领的周围和袖口，都要钉大小三道“栏杆”（镶边），边上的两道，宽约半寸，里面的一道，宽约一寸半。裤子样式与男子相同。20 世纪 30 年代以后，妇女的衣服式样有所改变，襟袖逐渐趋向短窄，衣袖缩至手腕处，也不再钉“栏杆”（镶边），无领逐渐变为有领。中老年妇女平日喜欢在腰间系青色围裙。围裙用自制的土布做成，裙边由抽纱拧线织成网状的花纹，网下边垂有流苏，围裙系带长约 2 米，宽约 7 厘米，用黑白棉线织成黑白相间的几何图案，系带两头亦有网状丝络，朴素而雅观。

二、发饰和头饰

辛亥革命以前，仫佬族男子按清朝规定留满族发式。1～12 岁的男孩，在头顶处留一块小碗般大小的头发，其余的全部剃掉，这种发式被称为“马桶盖”。12 岁以后，便开始结发辫（三股的发辫），并在离辫尾一寸左右的地方扎一根红头绳。成年后，薙发结辫拖挂于脑后，干活时把发辫盘在脖子上或脑袋上。1911 年以后，男子便把头发剪短，但仍留一个马桶盖。新中国成立后大多剪西装头，与汉族无异。

女孩子在 11 岁以前，和男孩子一样留马桶盖。11 岁以后开始让头发长到头盖骨的最边缘，前额留一片短披发，盖住额眉部，其余的头发梳往后脑，结成一条长辫。为了使发辫不易松散，往往用红绳把辫

头和辫尾扎紧。年满16岁以后，便作髻梳“挂”发。其梳法为：将头发分为前后左右中五簇，前簇偏于前脑，发较少，留短发一片，剪齐前端披在额上，名为“短挂”；中簇偏于后脑，留茶杯口大的一片头发，先束成一绺，再盘绕起来，于脑后结成椭圆形的发髻；左右两簇和后簇都让它自然垂挂，俗称“挂”，左右两鬓的挂分别覆盖两颊，垂于胸部的两侧，后簇的挂则披在背上。女子出嫁时，除盖住额眉部分的头发保留原状外，左右两边头发让它散开垂下，盖住面部的两侧；头顶和后脑部分的头发仍梳往后边，结成头辫或收结在后脑勺形成一个髻，也有的干脆把头发绞成一团，留在后脑并用一根发簪插住，称为“巴巴髻”。出嫁当天，还会在髻上插一朵美丽的银花。婚后一段时间内，妇女就梳这种发式，仫佬族有一首山歌就是唱这一时期妇女发式的：

教妹乖，
教妹梳头莫梳歪，
后头留个巴巴髻，
两边梳起鲤鱼腮。

“鲤鱼腮”是指左右两侧盖住脸边的长散发。留“鲤鱼腮”的时间不长，只限于已出嫁而不落夫家的妇女，因此，梳发时是否留“鲤鱼腮”是非常重要的。生小孩之后，就不能再留“鲤鱼腮”，须把两侧的头发梳起。其梳法是：前簇头发只留近额处的一檐，剪齐披于额上，作为披发（俗名燕子毛），原来前簇的大部分，都往后梳，连同中簇及后簇绺绞起来，作髻垂于后脑，原来左右两侧的头发梳成片梳，由鬓下顺势曲向后脑，再把发尾绺绞起来，分别缠绕在髻子根部。这种发式称为“蓬头”。民国年间，已婚的青年妇女，除前额仍留披发（形似刘海）外，其余的头发，全部梳往后脑作髻，两鬓不再作蓬发盖耳。未婚女子前额也留披发，其余则编成辫子，吊在脑后。新中国成立后，青年妇女普遍兴剪发，一些中老年妇女仍梳髻。

仫佬族的小孩普遍戴帽，最常见的是“猫头帽”，因形似猫头而得名。其做法是：前面用几片布，剪成猫头形或莲瓣形，然后用五彩丝线扎绣，把猫头或莲瓣的形象描绘出来，再用宽约一寸半、表里两层的长条布片缝成圆箍，把上述图案连接起来，形成前满后空的凉帽，以备春秋两季使用。冬季的帽子，则用布缝成袋状，前面附上猫头或莲瓣，或扎绣其他图案花纹，再钉上一些银饰，如八仙、罗汉之类。这种小孩帽，做工相当精细，除银饰外，其他都是妇女手工制作的。直到新中国成立初期，两岁以下的小孩仍普遍使用。

青壮年男性多戴“瓜皮碗帽”或扎青布头巾。“瓜皮碗帽”是用六片三角形合成的青布帽，形状似碗，由六片布合成又似瓜皮，故称“瓜皮碗帽”。有的青壮年头上扎一丈二长的头巾，头巾从左至右一层层盘卷在头上，看起来庄重大方。老年人常戴硬沿平顶的“碗帽”。仫佬族妇女不戴帽，老年妇女一般用青布巾包头，中青年则戴头勒（抹额），或扎较窄的头巾。

麦秆帽

仫佬族还有两种帽很有特色，一是麦秆帽，二是杨梅竹帽。麦秆帽以麦秆为材料，手工编制而成。制作麦秆帽的第一步是处理麦秆，收完麦子之

后，把麦秆收集起来晒干，然后剥出麦秆芯，剪整齐，分成一把把扎好，再放到地炉上方，让煤燃烧时产生的硫黄熏烤，使麦秆变白；第二步是编织，编织麦秆时像编辫子一样，使麦秆交错扭结，麦秆经过仫佬族妇女灵巧的双手，很快就变成一条细长的带子，宽约1厘米，待带子长度编到一定程度，就用白棉线把带子一圈一圈地缝合，缝成帽子的形状，帽顶和帽檐的大小、圈数都不同，小孩戴的帽和大人戴的帽大小又不同。炎炎夏日，麦秆帽既可以遮挡太阳，又美观大方，仫佬人都喜欢戴。麦秆帽基本上是由妇女编织的，是仫佬族妇女心灵手巧的体现。过去，仫佬族山乡有一个规矩，哪家的姑娘如果不会编织麦秆帽，就不能出嫁，什么时候学会了才能离开娘家。编织麦秆帽甚至成为许多仫佬族家庭的副业，农闲的时候编织麦秆帽，圩日的时候拿到集市上出售，以增加收入。“麦秆帽”又是仫佬族姑娘送给情人的爱的礼物，有一首仫佬山歌是这么唱的：

麦秆洁白麦帽圆，
走龙飞凤妹手编，
此帽不是无情物，
戴在头上暖心间。

杨梅竹帽是用竹篾和竹叶编织而成的，用竹篾编成帽子的形状，把竹叶夹在中间，美观大方，用途广泛，既可遮阳，又可挡风遮雨，一年四季均可使用。杨梅竹帽工艺精巧，品种繁多，有方眼帽、六角眼帽、圆顶帽、尖顶帽、放鸭帽、小人帽等。杨梅屯编竹帽的历史据说已经有四五百年了，编竹帽是杨梅屯一项重要的家庭副业，农闲的时候，全屯男女老少都动手编织竹帽，赶圩的时候拿去卖，以增加收入。很久以前，杨梅屯就有一个规矩，姑娘不会编竹帽就不能出嫁，小伙子不会编竹帽就不能娶亲，外村嫁来的媳妇首先就要学会编竹帽。

竹帽

三、饰品

仫佬族妇女喜欢佩戴用白银和玉石制作的装饰品，银器主要有银针、银钗、银簪、银镯、银戒指、银环，玉器主要有玉簪、玉镯等。银针、银钗、银簪、玉簪都是插在发髻上的。银针长约三寸，形状像葱叶，上大下锐；银钗以小银柱为脚，钗的上端安有一朵铜钱大小的银花，银花上再安上用细银丝卷成的两条短柱，柱端各套安一只小绒球。银钗直插在髻上，下截插入发内，上截露在髻外，走动的时候，钗上的细丝小柱便不停地颤动。

仫佬族妇女日常生活中佩戴的饰品主要是银针、银簪、玉簪、银镯、玉镯，银环和银钗平时很少戴，一般只有在出嫁或做客时才佩戴。

过去女子出嫁前，夫家按惯例须送三两白银，以制作银针、银簪、银钗等饰品，因此，一般的妇女都备有这些银饰。出嫁后，如果夫家生活困难，有些就会把这些银饰变卖。小孩一般佩戴银制的长命锁和麒麟链等吉祥饰品。

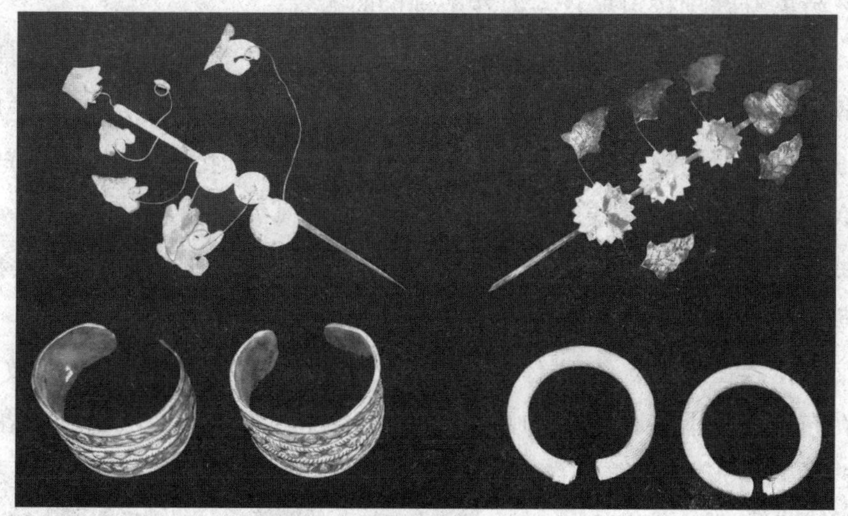

银钗和银镯

20 世纪 30 年代以后，已经很少有人戴银环和银钗，但很多中老年妇女仍佩戴银针、银簪等饰品。后来传统银饰品越来越少，现在已经很难见到有人佩戴了。

四、草鞋和绣花鞋

过去仫佬人干活时都穿草鞋，草鞋透气性好，柔软舒适，穿上它行走起来轻松自如。草鞋的品种众多，依材料的不同，可以分为竹麻草鞋、棉线草鞋、绒线草鞋、牛筋榔草鞋、九层皮草鞋、龙须草草鞋、烂皮藤草鞋、黄麻草鞋、红麻草鞋、禾秆心草鞋等。在式样众多的草鞋中，以竹麻草鞋最为独特。做竹麻草鞋，要先将砍回来的嫩竹放到火上烤软，然后用刀刮皮、抽丝、轻捶，再晾干。编织草鞋的工具有腰带、弯弓和草鞋凳，草鞋凳前面有一个“丁”字形的小架子，编织的时候，在架子上挂上四根麻纲，先织鞋头，再织鞋身，安上五个鞋手，最后留下连着鞋身的两根鞋梁，分别穿过鞋手，一双草鞋就做好了。竹麻草鞋比较粗糙，一般在劳动的时候穿。

仫佬族有一些草鞋具有特殊的含义，如棉线草鞋和绒线草鞋是仫佬族未婚标志的鞋。这两种鞋制作比较讲究，棉线草鞋用布做鞋底，鞋面由白棉线编织而成，是男青年“走坡”、赶圩时穿的；绒线草鞋的鞋底也是用布做的，鞋面则用五颜六色的丝线编织而成，前面有一个大绒球，是女青年“走坡”、赶圩时穿的。在走坡场上，如果见到穿绒线草鞋的姑娘，小伙子便可唱歌向她求爱。

仫佬族在晚上、冬天不出工或者做客时一般穿布鞋。仫佬族妇女常在布鞋上绣上各种美丽的图案，以展示自己的才艺。仫佬族绣花鞋工艺精巧，形式多样，有云头鞋、猫头鞋、单梁鞋、双梁鞋等。男子多穿云头鞋，云头鞋分圆口和方口两种，鞋头较宽，缝叠成云纹状，鞋底用未染色的棉布 20 多层，一层层叠成约 1 厘米厚，然后用细麻线一针针密密地纳成鞋底，鞋面则用蓝靛染过的布，4～5 层，用棉线密缝，底面合成后，在鞋底触地的一面涂抹多层桐油，因而具有结实耐穿、保暖、防潮、抗湿的特点。船形绣花鞋是送

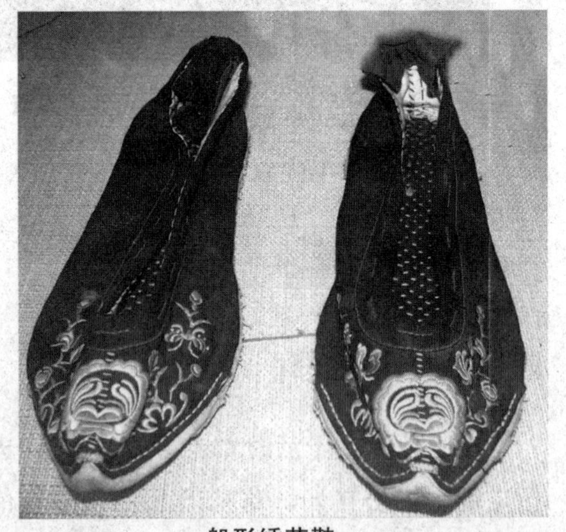
船形绣花鞋

给老人的礼物，其做法与云头鞋类似，只是鞋头是尖的，微微向上翘起似船头，鞋面上绣有花鸟等精美的图案。

同年鞋是仫佬族姑娘的爱情信物，姑娘长大到可以去坡场走坡的年纪，便会悄悄地闭门做鞋，将自己的情意都缝进鞋里。同年鞋用白布做底，先将几十层白布剪成鞋的底样，用米糊一层层粘起来，再用白棉线一针针密密地缝紧。鞋底要横看成行，竖看成排，针眼大小一致。然后用蓝靛布做成鞋面，与鞋底紧扣，最后放进蒸笼里蒸煮十几分钟，取出来翻底晾干。同年鞋的鞋面用小彩丝线绣上精美的图案，做工精细、考究，反映出姑娘的心灵手巧。在走坡场上，通过对歌，如果双方情投意合，姑娘就会把同年鞋送给情人作为定情信物，以表示对他的爱恋之情。同年鞋做工如何，反映了姑娘的手艺，因此同年鞋往往也是小伙子选择对象的条件之一。如果同年鞋做工精巧，样式出众，小伙子便会紧追不舍，否则，可能就得不到小伙子的青睐。

五、刺绣

刺绣在仫佬族传统服饰中极为重要，过去，仫佬族人的衣服、帽子、鞋子、背带、钱包等都绣有精美的图案。这些精美的图案都是仫佬族妇女一针一线手工绣出来的，展示了仫佬族妇女的手工技艺。

绣花背带心

在众多的刺绣作品中，以背带心最为独特。在仫佬山乡，每个生过孩子的妇女房里都有背带，孩子小的时候用来背孩子，孩子长大了，就会把背带珍藏起来。因为背带既是孩子成长的记忆，更是一件精美的艺术品，其中的一针一线凝聚了外婆的辛勤劳动和爱心。仫佬人家的女儿出嫁之后，一旦怀孕就会告知娘家，外婆便要给小外孙准备绣花背带。背小孩用的绣花背带，其背带心用五色丝线绣成凤凰、锦鸡、蝴蝶、蝙蝠、喜鹊、梅花、青蛙、鱼、石榴、太阳、月亮等各种图案，栩栩如生，其中的凤凰是仫佬人崇拜的图腾。其他的一些图案也有特殊的含义，如蝴蝶或蝙蝠表示“福”；石榴的籽比较多，因而用其表示多子多福；双凤朝阳、日月同辉等图案表示锦绣前程；喜鹊站在梅花上表示喜上眉梢等，这些精美的图案，表现了仫佬族妇女的艺术天才。

新中国成立后，仫佬族的服装大多已经汉化，特别是改革开放以后，已很少有人穿仫佬族的传统服装了。

第三章

庄严与狂欢

第一节　神圣的祭坛

仫佬族的宗教信仰最初是原始宗教中的自然崇拜和祖先崇拜，后来受外来文化的影响，逐渐接受了道教和佛教，再加上本土的巫教，使仫佬族的宗教信仰呈现出多元性，佛、道、巫相互融合，发展出仫佬族丰富的信仰文化。

一、神灵崇拜

仫佬族信仰的神灵包括自然神、祖先神、英雄人物、鬼神等，具体的神灵有祖先神、白马娘娘、依饭公爷、灶君神、社王、雷王、婆王、牛王、土主、三界公爷、莫一罗大、吴平大王、七里英王、真武神等。

自然崇拜。仫佬人信奉万物有灵。民间认为，不管是天上的日月星辰、风雨雷电，还是地上的土地、山川、草木甚至飞禽走兽皆有神灵，因而产生了对自然现象和动植物的崇拜。仫佬村寨后面的山被奉为神山，村边的大树被奉为神树，神山上的树木和村边的神树均有神灵居住在那里，因而不能砍伐，否则是对神灵不敬，会受到神灵的惩罚。在自然界众多神灵中，社王和婆王每年都有固定的祭祀活动，几乎每个仫佬村寨都有社王庙和婆王庙，每年全村都集体祭祀社王和婆王。

社王即社神，也就是土地神，有些社王庙分社公、社母和土地三个神灵供祭。祭社王是一种集体祭祀活动，一般以“冬”为单位进行，祭期为每年农历的二月和八月的社日。二月祭社王称为春祭，其目的是祈求社王保佑风调雨顺、农作物丰收、人畜平安，八月祭社王称为秋祭，其目的是报答社王保护禾苗之力。每次祭社王都要杀一头猪，以煮熟的头、脚、尾、肠供社王，其余的猪肉，等祭过社王之后，由冬头平均分给各户。祭祀完社王后，家家户户把肉拿回家，热热闹闹地过节，并且做粽粑或糍粑供祖先，然后食用。

婆王，也称花婆，是主管生育的神灵。在仫佬人的观念里，“婆王”是一位比祖先还要尊贵的神灵，所以每年农历清明扫墓时，得先祭“花婆庙”，之后再扫祖先墓。因为“花婆娘”主管人口繁衍，比祖先历史还长，功劳更大。民间认为，人是由花变成的，妇女怀孕生育就是婆王赐予花朵的结果，是否生育、生儿生女均由婆王决定，婆王赐予红花，就生女孩；赐予白花，就生男孩。

农历三月初三是仫佬族的“婆王”诞期，又称“小儿节”。祭祀婆王是全村性的活动，各村寨都集资备“三牲”祭祀婆王，祈求人丁兴旺，小孩平安无病。当天，全村人一齐出动，抬猪到婆王庙前宰杀，以煮熟的头、脚、尾及肚肠供祭，祭祀结束后，由冬头向婆王报告每家每户的人口情况，感谢婆王的恩德。然后由冬头按户平均分肉，拿回家供祭祖先。新婚夫妇结婚时要到婆王庙祭拜许愿，希望婆王早赐贵子；婚后生了孩子要到婆王庙去还愿。婚后多年未生育或生女不生男者，也要到婆王庙许愿，祈求生子，如果如愿得子，便要去还愿。

婆王庙

很多仫佬族村寨都建有婆王庙，如罗城下里乡谢姓仫佬族建的婆王庙，庙里有三男三女六尊神像，三女居中，传为妻妾关系，大妻居中，两妾分坐左右，均为坐像，怀抱婴儿。三男分立左右，似为婆王的伺者，各人手中亦抱婴儿。有的地方虽祭婆王，但无庙宇，只在村前田峒中的土台上祭拜。平时若有人生了小孩，便造一些小纸鞋放在庙里酬谢婆王。若家里小孩常哭闹，便用纸剪一朵红花或白花插在一碗米上，拿到婆王庙里放着，这样便可“止啼哭”。

祖先崇拜。在仫佬族信仰的众多神灵中，祖先神的地位最为突出，供奉也最为频繁。仫佬人家家户户都在厅堂供有祖先神位，每个“冬”都建有家族祠堂供奉历代祖先。在仫佬人祭祀的所有神灵中，祖先神得到的供祭和香火是最多的。每月农历初一、十五，逢年过节，人们都要供祭祖先；家中有红白喜事要祭祖先，甚至家里有什么疑难之事，也要祭问先祖，祈求列祖列宗保佑，解疑去难。除了这些小的祭祀活动外，还有专门祭祀祖先的节日，即清明节扫墓和中元节祭祖。

清明节是祭祀祖先的节日，除各家各户自己扫墓外，同宗共祖的族人还要进行集体扫墓，俗称“上众人坟”。清明节的扫墓一般以“冬”为单位进行，由冬头主持。扫墓前，要准备供祭的香纸烛等物品，还要买整猪祭祖。即使是迁居他处的子孙，也必须赶回来与族人一起参加祭祖扫墓活动。清明节前一天，上午就将墓地扫除干净，下午，各户派一人到墓地参加会餐，如果是年过60岁的男性老人，祠堂还得另备酒席款待。次日，再到墓地祭供，完毕后，按户平分生猪肉，当天夜晚，家家饮宴。第三天，同房（五代以内）各户再度到墓地祭供饮宴。祭祖的费用，过去从清明田或蒸尝田的收入中支出，没有清明田和蒸尝田的，则由宗族内的各户集资，用于购买祭祀用品和聚餐开支。

仫佬族中元节的祭祖也极为隆重。农历七月初七为接祖回家日，这天一大早，各家各户杀鸡宰鸭，把祭品陈列在祖先神位前，然后在门外插上一炷点燃的香，恭迎各位先祖阴魂回家。此后，每餐饭前都要先供祭祖先，家人才能吃饭，一直持续到七月十四这一天。嫁出去的女儿，也要回娘家烧纸。七月十四日这一天举行隆重的祭祖仪式，除了杀鸡杀鸭供祭祖先外，还要焚烧大量的纸衣纸裤、纸元宝、纸金银以及各种面额的冥币，烧完之后，用芭蕉叶或芋叶将纸灰包好，次日清晨送祖先回去时，拿到河边投入水中，让祖先带去享用。

祭祖需要花费不少的钱财，即使是生活极为困苦的贫寒之家，一年省吃俭用，祭祖的费用也不能省，可见祖先信仰在仫佬族宗教信仰中的重要性。

英雄崇拜。在仫佬族祭祀的神灵中，有很多是英雄人物转化而来的神灵，如七里英王、土主王、吴平大王等，这些英雄因为生前起兵反抗暴政，为仫佬族人民谋利益，因而得以享祀。仫佬族群众为英雄

建庙献祭，一方面是崇拜英雄人物，另一方面也是希望这些英雄死后仍能庇佑一方平安，赐福于当地百姓。

四把镇大庙供奉的神为“七里英王”，主管雨水及其他大事。祭祀日期是在谷雨节，目的是祈雨保禾苗。仪式比较简单，由一个法师念经，几个老人作陪祭。等到下大雨时，五冬各户都去还愿聚餐。据说七里英王原名罗给，他很想做皇帝，把山上的草木当作自己的兵将，天天练兵，准备攻打京城。他有一只黑狗随身，替他回家带饭。后来消息传到皇帝耳里，于是派兵来捉拿他。他的母亲知道后把这个消息告诉他，他说：“我兵多将广，一定打得他片甲不留。”母亲问：“兵在哪里?”他指着满山的草木说：“那就是我的兵将。”母亲看到后说：“那是什么鬼兵将，明明是些草木。”一句话就使得他的兵马不灵，结果，罗给无法抵挡皇帝的兵马，只好跳进一个水塘里，变成一条塘角鱼，追兵找不到，就让罗给的母亲带着他的黑狗去看，黑狗看到鱼后不断地摇尾巴，罗给也伸出头来看黑狗。追兵断定这条鱼就是罗给，于是用网将他打起来，将头割下。后来这个头自己回到家里（一说他母亲带回），并告诉母亲，把头放在木桶里，盖上盖子，待九天之后方能打开。母亲照办了，过了三天，她忍不住打开盖子，发现桶内有三只（一说九只）黄蜂，只有一只飞出去，飞到皇帝的宝殿，猛刺皇帝，皇帝无奈，只好封他为“七里英王”，并立庙祭祀。庙中一副对联说明了七里英王的来历：“乌犬随身，欲作九州圣帝；黄蜂刺殿，封为七里英王”。①

与七里英王的传说类似的，还有土主王、吴平大王，他们都是仫佬族的英雄，因为在反抗朝廷暴政时，母亲言语不慎，导致兵马无法作战，失败后隐藏在深山或水塘中，后形迹暴露被杀害，但死后仍不

---

① 广西壮族自治区编辑组．广西仫佬族社会历史调查．广西民族出版社，1985：184～185.

放弃，头颅变成黄蜂，飞到京城与皇帝决一死战，但因其母亲过早将蜂群放出，功力不够而导致失败。皇帝为了表示安抚，追封其为“土主王”或“吴平大王”。

土主王（也叫村主）是仫佬族村屯的保护神，能赐福或降灾于村屯里的每个人。民间认为土主主管牲畜，如牛、马、猪等，也管外来人。仫佬族有句俗话：“人到村前问村主（土主），鬼到村前问社王。”仫佬族村寨中普遍有土主庙，有的是独有庙宇，有的与其他神祇共居一庙。祭日一般在农历正月上旬，由全村各户共办酒肉合祭，并为土主添置武器，制作木（或纸）刀、剑、斧、链等陈于神龛前，作为保护村寨之用。

土主庙

吴平大王的庙宇，在后庙村附近的一个岩洞里。据说这个神十分灵应，不但仫佬族敬奉他，就连附近的汉、壮族群众也祭祀他，香火鼎盛，远近闻名。

鬼神崇拜。与祭祀其他神灵的目的不同，人们祭祀鬼神主要是出于对鬼神的敬畏，通俗地说，就是害怕这些鬼神对自己不利，所以才供奉它。如果生活中遇到了不顺之事，包括灾害、生病等，可能就是鬼怪作祟，必须进行祭祀，或做法事驱鬼。对鬼神的祭祀，除中元节祭祖时会固定撒一些供品到外面给孤魂野鬼之外，多是不定时的。民间认为，如果触犯了鬼神，生魂就会被鬼神捉走，于是就会生病。如三界公爷、刘启熙（花名刘格老喉慕）、莫三桂（花名莫格老三桂）等都是恶鬼，如果触犯了他们，就要患重病，因此必须祭祀他们，祈求他们解脱病人的痛苦。

二、巫术和道教活动

仫佬族的民间信仰以巫、道为主，很多的法事仪式都是巫、道神职人员共同参与、通力合作来完成的。人们认为巫婆可以在人与神之间进行沟通。大凡家中发生了病难或凶兆等不吉之事，便认为是触犯了神灵，需要请“野敬”婆（巫婆）来家里上香烧纸，到“阴司”请主家的祖先回家来询问，看犯了什么“杀”，怎样才能“排难祛病”。然后按照“野敬”所示的方法，请道公例行化解。仫佬族地区较常见的巫术和道教活动有“问野敬”、招魂、架接命桥、添粮、添六马、添花架桥、遣村、遣家、打醮等，其中以依饭道场最为独特。

（一）做依饭

做依饭，又称“喜乐愿”、“敬依饭公爷”，其目的主要是还“祖先愿”，是仫佬族祭祖、祭神的大型宗教活动。做依饭的时间，一般是十年三次，各个姓氏甚至每个冬做依饭的时间都不同，如新村谢姓是辰、戌、丑、未年，大梧吴姓二冬是亥、卯、未年，中石村银姓“四冬”逢卯、未、亥年，“五冬”逢丑、巳、酉年，“八冬”逢子、辰、戌年立冬后的“黄道吉日”举行。各地做依饭的时间不同，可以方便亲戚

朋友往来庆贺。

关于做依饭的来历，流传着不同的传说。一种传说是为纪念仫佬先民——“依饭公爷”从外地迁来罗城开基立业而举办的；一种传说是纪念对仫佬人有恩的白马姑娘；一种传说是为了纪念罗义射狮、罗英驯牛；还有的说是为了祭祀梁王、吴王；有的说是为了祈神驱除魔邪、保安集福，祝愿人畜兴旺，庆贺五谷丰登而开展的祈贺活动。

依饭道场，一般在祠堂举行，没有祠堂的在族头家举行。依饭道场开始前，要在祠堂门上贴对联，门楣剪贴红、黄、绿、蓝彩纸，分别书写“奉神”、“集福”、“庆贺”、“依饭”等字样，堂前以松枝扎三门，堂中设坛，坛前烧香点烛，陈列供品。大家挑选最饱满最长的糯米谷穗，用丝线系好，挂在墙壁上，中间放一张桌子，桌子上摆满用芋头、红薯制成的黄牛、水牛模型，桌面上摆放五色糯米饭，饭盘周围一圈圈地摆设祭品，包括甜酒、花生、芝麻、黄豆、胡椒、沙姜、八角等 12 种素类供品和猪心、猪肝、猪肺、猪胃、猪肠、鸡、鸭、鱼、蛋等 12 种肉类祭品，祭供“依饭公公”。

仫佬族依饭节　（李桐摄）

依饭道场由3～4位道师操办，其仪式依次为安坛、请圣、点牲、唱牛歌、唱神、合兵、送圣7个程序。

整个祭神仪式要持续一天一夜，结束后，族人与亲朋一起宴饮、唱歌、耍龙舞狮，欢庆几个通宵。

（二）祓除仪式

祭刘格老喉慕和莫格老三桂。人们生病后，要先去问“野敬”，如果巫婆说是被刘格老喉慕或莫格老三桂这两个恶鬼捉弄的，便要备祭品到田野外供祭他们。祭刘格老喉慕的祭品为鸡和猪肝、肚、肺等物，祭莫格老三桂则用狗肉、酥豆、辣椒和一坛烧酒，据说这些东西都是他们生前喜欢吃的。祭拜时要叫他们的姓名，请他们来享用祭品，并恳求他们解脱病人的痛苦。祭禳鬼神，一般都要请道公喃神，只有祭刘莫两鬼可以不请法师，由自己家人去祭拜即可。

祭三界。仫佬族有在农历六月初二祭三界公和雷王的习俗，祈求他保佑，免去虫灾、旱灾。但是如果患了重病，从巫婆处问出是触犯了三界公爷，则要杀牛杀猪来祓除。据说三界公爷喜欢吃牛肉，因此在祭祀的时候，必须杀牛作为祭品，才能得到他的饶恕。举行祭三界的祓除仪式，要请道公喃神作法三四个小时，须在村外的河边设两个神坛祭拜，一坛是三界公爷，另一坛是三界的老庚——上司雷王，牛在三界坛前宰杀，猪在雷王坛前宰杀，使他们享受血食，然后再把猪和牛的头、脚、尾砍下，分别摆在两个神坛前供祭，在祭祀过程中还要杀一只鸡和一只鸭。祭三界可谓耗资巨大，因而更增加了人们对三界公爷的敬畏。

招魂。农历七月十三，家里有小孩的，都由老妇人用簸箕盛些米，放一把剪刀，到村外山脚去呼唤孩子的魂魄，以免被鬼摄走。如果孩子生病，或遇到意外惊吓，便认为是失了生魂，必须请道公来替他“赎魂”，才能痊愈。由道公拿一件病人的衣服包着一把米，一只母鸡、一枚鸡蛋，到村外岔路口或受惊吓之处，念经叫魂，用白巾向着东南西北四方叫唤，招病人的生魂回家，同时把大米做成的小白馍分撒到四处，让儿童来抢食，然后回到病人家里，将招魂的鸡和鸡蛋放到病人的床下，表示魂已招回。并用娘家送来的五色丝线扎在病人手腕上，然后再给病人喝一碗“符水”。

遣村和遣峒。如果村里发生了严重的灾害，如瘟疫、虫灾等，则要举行集体驱鬼除邪仪式，称“遣村”和“遣峒”，也叫“游村”和“游峒”。举行仪式时，先由道公在村前设坛做法，然后列队出发赶鬼。由两个青壮年男子作为“先锋”，手持法剑、铁链走在队伍的最前面，他们的脸上、手心均盖有道师的法印，头上结扎画有符箓的红纸头巾；后面跟着四个人，抬着“收灾船”和点燃的“桐油锅”，收灾船用竹子编成，内装鸭子一只；后面跟着的人或持符箓，或拿桃枝、五色纸旗，或击鼓奏乐，其他人尾随队伍之后，呼喊吹打，挨户巡游。道公穿着法衣戴着法帽，在队伍中间挥剑念咒。每到一家，“先锋”挥剑舞链，道公挥剑劈刺，作驱鬼状。每家拾一撮垃圾放在收灾船之中，表示灾难已被收去，最后将桃枝和符箓插、贴在门上，这样就把鬼邪驱赶到大门之外了。“遣村”以后，再到峒田“遣峒”，凡有庄稼的地方都要走遍，经过之处，摘一些草茎树叶，放入收灾船，每隔二三百步，插一面五色纸旗。走完峒田以后，烧掉收灾船，表示村寨鬼邪已全部消除。然后“禁村”，村前后左右各路口，立一座竹拱门，上贴有对联、符箓，插五色纸旗，作为标记。三天以内，严禁外人进村。如有违犯，须由其出资重新举行遣村和遣峒。过去，每隔一两年就要做一次遣村的祭禳仪式，现在已经很少做了。

遣家。如果家里发生不吉利之事，或者猪不吃潲，牛不吃草，就要做“遣家”（也叫“遣屋”）的祓除仪式。“遣家”的仪式与“遣村”大体相同，只是驱鬼的范围仅限于一家，进入家里，将藏匿在各个角落的妖魔邪气都驱除掉。“遣家”之后，三天之内禁止外人进入屋内。

添花架桥。俗话说：“不孝有三，无后为大。”传宗接代无疑是每个仫佬族家庭中的大事。如果妇女婚后多年不生育，就认为命不好。事主先要去问“野敬”（巫婆），若“野敬”说这妇人“犯煞”，须筹办“解煞”法事，要请法师添花“架桥”，以便引子入胎。需要“架桥”的人，请鬼师二三人，来家设坛作法，祈祷神祇，时间是一天一夜。其中主要的祭祷仪式便是“架桥”，所架的桥一般是象征性的，并不是真的要建一座桥。有的人生子之后，为了求子孙昌盛，也要“架桥”。

填七井。或称填九井，也是一种求子的宗教仪式。人们认为无子之人，命带天狗，而小孩是怕狗的，所以无法生育。如果是这种情况，就需做填七井（或填九井）仪式，把天狗埋了，才能生育。

补做风流。“补做风流”是仫佬族久婚无子的人家所做的民间法事，也是富有情趣的民俗活动。凡久婚不孕者，民间认为，是他们婚前要风流不够（尤其那些不是自己走坡对歌谈情，由父母包办而久婚不育者），因此要补做风流把恋爱谈够谈充分，把夫妇之间的爱情培育得浓浓的，才能怀孕生小孩。

架接命桥。如果家里小孩体弱多病，怕难以养大，则请道公做架接命桥仪式。道公用一根写着符箓的小木棍作桥身，喃经做法，然后将桥（木棍）钉在婆王庙前的空地上，作为“接天命桥”。人们认为这样做了，可以使孩子百魔不侵，长命富贵。

添粮或添六马。老年人如果患病或体衰，茶饭不思，就被认为是上天给老人的食粮已尽或是“六马”已倒，需要为病人“添粮”或添“六马”。

三、佛教

佛教在仫佬族地区广泛传播主要是在明清时期，尤其是清代，曾出现了一个兴盛时期。在罗城县较有规模的寺院就有15座，其中较为著名的有元初兴建在城南的十里平乐村前半月岭下的开元古寺，清代知县于成龙重建的位于龙岸下珠村的安宁寺，东门镇凤凰山麓的多吉寺，城北横岸村旁的阁贲寺，寺门圩后山的象山寺，黄金圩的回龙寺，小长安的丰安寺、汇源寺，城西马峡村旁的方广寺等，城东还有回龙寺、福寿寺、泗洲寺等小寺；在柳城县仫佬族聚居区也有南山寺、回龙寺、龙峨寺、云峰寺四大庙宇。佛教传入仫佬族地区后，与本土的宗教相融合，出现佛教神、道教神和其他民间神共处一寺的情况，如凤凰山麓的泗洲寺，有三栋寺舍，中间一栋正殿祀如来三宝，左右两栋偏殿祀关羽、韦驮、吴平大王、白马娘娘、雷公、电母等三四十尊大大小小的神像。

仫佬族地区寺院多，仫佬人受佛教的影响也比较深。据清谢启昆《广西通志》记载："天河僚，在县东，又名姆姥（今仫佬族）。……独喜浮屠。蔬食三年，谓之血盆斋，言为母报恩，群聚于佛寺，鸠钱具蔬，延浮屠超荐其父母，谓之忏斋。"[①] 寺庙每年举行一次会期，附近村寨的人也都前往参加庙会活动。

在诸多的佛事活动中，人们日常生活中接触最多的大概就是超度死者的法事，也称为打斋。打斋的目的是安送逝者，祈求逝者的灵魂早日升天，并保佑赐福后代。在仫佬族民间，打斋是仅次于做依饭的重要宗教活动，其规模视主家的经济实力而定，少者做一夜，多者可以做一天两夜甚至两天三夜。做法事一天两夜的称一周，在村前竖一白一黑布幡为标志；做两天三夜的称两周，竖布幡两白两黑。

打斋的神坛设在停棺堂屋门前，在堂屋正面及两壁悬挂释迦牟尼、十大天王、十大阎王等神像。做法事时，法师身穿红色袈裟、头戴法

---

① （清）谢启昆修，胡虔纂．《广西通志》卷二百七十九《列传二十四·诸蛮二》．广西人民出版社，1988.

冠、手执宝剑，在锣、鼓、大小钹及木鱼的伴奏下，边唱边舞。打斋仪式主要有安坛、请亡灵、发关文、迎圣、沐浴、装粮、封棺、化财、移棺、祭奠、开路、发表、遣屋、安灵等，做两周以上法事的则要增加申表、竖幡、安厨、放水灯、过十殿、过奈何桥、出榜、早午晚朝、结界、诵经、行香等。打斋所用经文唱本颇多，有《行移》、《早朝科》、《午朝科》、《晚朝科》、《破沙一宗》、《头坛科》、《千佛忏》等十几本。①

第二节　多彩的节日

仫佬族的传统节日比较多，几乎每个月都有节日，如正月新年节(即春节)、走坡节、元宵节，二月社节，三月婆王节、清明节，四月初八牛王诞节，五月端午节，六月初二（或初六）驱虫保苗节，七月祖先节，八月中秋节，九月重阳节，十月依饭节，十一月冬至，十二月大年夜等。其中春节、清明、端午、中秋等节日与当地汉、壮族大同小异，依饭节、走坡节、社节、婆王节、驱虫保苗节、祖先节、开塘节等较为独特。

依饭节。是仫佬族祭祖、祭神及庆丰收、保人畜平安的传统节日，也是仫佬族最独特最隆重的节日。根据新中国成立初年收集到的调查资料，仫佬族过这个节日至少有500多年的历史了。

依饭节活动为1～3天，节日活动的中心内容是做“依饭道场”。节日期间，家家户户都准备丰盛的食品，包粽子、蒸五色糯饭、杀鸡宰鸭，款待亲朋，还有耍龙舞狮等活动。亲朋好友借此机会，走亲访友，既可参加节日活动，又可品尝到仫佬族特色的美味佳肴。新中国

---

① 章立明，俸代瑜．仫佬族——广西罗城县石门村调查．云南大学出版社，2004：332.

成立后，依饭节的祭神仪式逐渐简化，增加了演新戏、唱新歌、进行体育比赛和经贸活动的内容。

依饭节为仫佬族所独有，是仫佬族信仰习俗长期积淀的结晶，它体现出仫佬族传统文化之精髓，进而成为仫佬族文化的重要象征。2006年，依饭节被列入首批国家级非物质文化遗产名录，得到国家层面的重视和肯定。为了传承和弘扬仫佬族传统文化，2009年11月，罗城仫佬族自治县开始举办首届“仫佬族依饭文化节”，其活动包括：开节仪式、仫佬族风情歌舞表演、依饭风味千家宴、传统文化节目展演、嘉宾旅游观光、原生态依饭节表演、《走坡》民歌展示、山歌歌王赛、闭幕式及历时8天的书画、摄影、奇石、根艺、盆景展，美食一条街展示和县内外名优商品交易会，整个活动内容丰富，特色突出。现在，依饭文化节已成为仫佬族的一个品牌文化，是仫佬族人民庆丰收和继承发扬民族文化艺术的节日。

依饭节祭祀　（李桐摄）

走坡节。走坡节最早可追溯至清代。在每年农历正月春节期间和八月中秋节前后，仫佬族青年男女有走坡的习惯，称为“走坡节”或“后生节”。这是仫佬族特有的男女青年社交活动的节日，青年男女在“走坡”活动中，以歌传情，寻找恋爱对象。届时，青年男女身穿节日

盛装，由各村各寨云集到坡场来，坐在树下、溪边、石旁，双双对对唱山歌，唱歌传情，互唱互答。先是唱“邀请歌”、“盘问歌”，增进彼此的了解，如果男女双方有情有意，便接着唱“谈情歌”、“初结歌”，表示初步认定对方为自己的意中人。对歌结束时，要唱“惜别歌”、“相约歌”，并互赠信物，男方送女方月饼称“同年饼”，女方送男方同年鞋，又称“鸳鸯鞋”，意为成双成对，共结同心。因此民间有“八月十五哥送饼，九月重阳妹送鞋”的民歌流传。

1984年罗城仫佬族自治县成立后，尊重民族意愿，正式将中秋节定为仫佬族的“走坡节”。此后，每年的这个节日，仫佬族男女青年除按照传统习惯走坡唱歌外，当地政府有关部门还组织群众搭建歌台，邀请各地歌手举行对歌比赛。节日期间还举行舞龙舞狮、文艺演出、斗鸡、抢花炮等活动，为走坡节增添了新的活动内容。2012年，“仫佬族走坡节”入选广西壮族自治区第四批非物质文化遗产代表性项目名录。

社节。社节时，仫佬族各村寨的群众都捐钱买“社猪”宰杀，供祭社王，以祈求风调雨顺、农业丰收、人畜兴旺。祭社王后，平均分肉回家，再供祭祖先，有些还杀鸡供祭。家家户户包大粽粑，如果刚娶新娘，得给女家送十担大粽粑，以示认亲。以黄花（一种灌木花）煎水煮饭供神后食用，认为如此可减少红蚂蚁为害。在古砦仫佬族乡，还有在社节熬百家粥和酿“狼棒”（用米饭和猪血等做料，灌进猪肠内）的习俗。由一位“头人”背着米袋，拿着量筒挨家挨户筹米，这样筹来的米熬成的粥叫“百家粥”，大人、小孩吃了，便是“吃百家饭，享百家福”。

婆王节。三月初三是祭祀“婆王”的节日，又称“小儿节”。同村寨或同“冬”的人集资备“三牲”祭祀婆王，祈求人丁兴旺，小孩平安无病。祭期是三月初三，当天大行祭祀之礼，祭毕再分肉回家供祭祖先，还要蒸糯饭和包粽子过节。若是家中有新生的婴儿，则要向“婆王”报丁，并分红蛋给六房各户同享欢乐。三月二十日则是“婆王晒尿片”的日子，大家都到婆王庙拜祭，有些村寨还杀猪供祭，然后参加者共吃一餐，费用由参加聚餐者共同负担。近几年有些地方还举行婆王庙庙会。

端午节。仫佬族也与其他民族一样农历五月初五过端午节。这一天，家家包粽子，在门口挂菖蒲、艾枝，在屋里洒雄黄酒，并用雄黄酒擦手，用石灰水洒在屋外墙根，还有在端午节煮田螺吃的习惯，认为这样可以防止虫蛇，防治疮疖。银姓仫佬人家家户户杀鸡宰鸭，到真武庙祭祀真武神。

驱虫保苗节。农历六月初六（有些村屯是六月初二），仫佬山乡举行隆重的“驱虫保苗”活动。人们敲锣打鼓，挥动着三角五彩旗，从四面八方涌向田峒，在田间祭祀“保苗神”，祈求害虫远离禾苗，谷物丰收。祭祀后，各家分祭肉回家，供祭祖先，作为节日盛餐。所祭祀的神灵，有的说是祭三界公，有的说是祭伏羲兄妹。谢村则供奉梁山伯和祝英台为驱蝗保苗神。

祖先节。农历七月，是仫佬族祭祀祖先的节日。初七日，接祖先回家，杀鸭祭祖。此后的七天，每天早晚须在祖先神位前烧香、供酒肉。十四日再隆重祭祀一次，要备猪肉、鸡、鸭、粽子及酒菜供祭，祭后家人吃喝一顿。十五日清晨，再次设宴把祖先神灵送走，送时烧一堆纸钱。家有父母过世未满三年，还供着灵位在家的，七月初一，出嫁的女儿需买肉回家供祭父母，房族亲戚则于十三日来丧家送纸钱吊慰，丧家备酒肉招待。民间认为，七月十四这天，那些孤魂野鬼都会出来游荡，因此要用米粉做成小馒头，与其他冷饭菜混合向空中撒去，散发给那些没有后代的孤魂野鬼，叫做“施孤”。

开塘节。开塘节是柳城县古砦仫佬族乡覃村一年中最为热闹的节

日。开塘节没有固定的日子，一般都定在秋收过后全村人比较空闲的时候。按照当地的习俗，开塘节第一天，村民们先将村里鱼塘的水抽干，然后便集体下塘捞鱼。全村男女老少一起下塘抓鱼，鱼塘里顿时鱼跃人欢，热闹非凡，场面极为壮观。在鱼塘旁的空地上，人们将捞到的鱼儿放成一堆，冲洗干净后再分到各家各户。第二天，全村人就在家里和亲戚朋友吃饭聊天，村民们杀鸡宰鸭，做扣肉、炸鱼果，制作美味佳肴宴请亲朋好友，喜庆丰收。每年一到开塘节，家家户户都放下农活，专门在家捞鱼、待客。在村民的心目中，开塘节甚至比春节、中秋节这些传统节日还重要。

据说开塘节源于一段历史，400 多年前，覃村遭受外敌入侵，家园遭受严重破坏，为了抵御外族入侵，覃村人在村外挖鱼塘、修城池。到了农忙时节，其他村屯的亲朋好友、兄弟姐妹一起来帮覃村人耕种，重建家园。秋收完后，覃村人就开塘抓鱼，做好饭好菜宴请亲朋好友，感谢他们的帮助和支持。从那以后，开塘节就成了覃村每年最热闹的节日。

每年春季，覃村全体村民都筹资购买鱼苗，轮流管理鱼塘，秋后捉鱼均分到户。每年一到开塘节，村里都是人山人海，你来我往，宾客纷至沓来。对村民们来说，分多少鱼并不重要，重要的是借节日和亲朋好友交流与往来。现如今，开塘节这一历史悠久的民间习俗在当地得到较好的传承和延续，并成为亲朋好友联络感情、增强民族团结的一种重要方式。

第三节　山歌嘹亮

一、山歌

仫佬族是一个爱唱歌的民族，凡是办喜事，仫佬人都会摆起歌坛，通宵达旦对歌，在“走坡”时更是山歌遍野，即使在圩上、在田间、在家里，只要有感于心，或触景生情，便用山歌表达。过去，无论男女老幼，仫佬山乡人人都会唱山歌，不会唱山歌的人会被人瞧不起。以歌识人、以歌试人、以歌结成终身伴侣，是仫佬族青年男女婚恋社交的主要方式，那些不会唱山歌的人是连对象都找不到的。

仫佬族山歌内容丰富，形式多样。仫佬族山歌可分为“古条”、“随口答”和“口风”三类。“古条”即叙事歌，有固定的歌词，歌唱历史故事、人物事件和神话传说等，如《宋登桥》、《唱罗城》、《刘三姐》等。一般在结婚、生日、新居落成等喜庆之日，亲友相聚，以歌为乐，除唱与主家喜事有关的祝贺歌之外，夜静更深之时，都唱“古条”。“随口答”为即兴吟唱的山歌，没有固定的歌词，歌手们可根据需要临时编唱，内容极为广泛，有情歌、猜谜歌、礼俗歌、时政歌等，其中以情歌最为普遍，赶圩、走坡、婚姻喜庆、节日会期、走亲访友或者劳动时都可以唱。“随口答”形式不拘，体裁自由，但也很注意押韵。“口风”是驳口劲的歌，歌手在对歌中互相挑逗，或称赞对方，或讽刺对方，言辞尖刻。内容多为劝人为善或嘲讽别人，因而唱时需特别谨慎，以免惹是生非。劝人为善的歌称“正口风”，讽刺对方的歌则称为“烂口风”。“口风”亦无固定的歌词，形式不拘，由歌手在对歌时临时编唱。“口风”可以在走坡对歌时唱，但喜庆节日对歌一般不唱。

仫佬族山歌体裁自由，形式多样。以句式论，有三句、四句、五句、六句、七句、八句或九句为一首的，其中以四句为一首的占多数；以字数论，有三字、五字、七字或十一字为一句的，其中以七字为一句的居多；还有各句字数不同的长短句类山歌。长短句的歌比较灵活，行数和字数都不固定。

仫佬山歌的调式和旋律均为双声部，为徵调式民歌，每一个声部

由一人唱，二人同声重唱，有时高音声部先唱，低音声部比高音声部慢一至二拍起唱，以高音声部为主。仫佬族山歌种类较多，因句式长短不一，唱时随着句子的变化而变化，有一定规律，音域不宽，节奏平稳，抒情流畅，委婉动听。

除了山歌调式和旋律之外，仫佬族音乐还有依饭唱腔和师公唱腔等。依饭唱腔是仫佬族依饭节祭祀仪式中由师公演唱的一种音乐，主要流行于罗城仫佬族自治县东门、四把一带。依饭音乐多为小调（以羽调式为多），节奏轻快跳跃，抒情委婉，曲调旋律富有山歌韵味，以2/4、4/4拍为主。每首曲调在结束时都有衬腔，如“勒咧赤勒”、“隆郎赤隆郎”、“花柳罗和花拉”等，起烘托作用。演唱形式有独唱、对唱、齐唱、伴唱等，歌唱中有时插有对话，并附有表演动作。师公唱腔是道师在做道场（如打斋、打醮、安神、追魂、过火练等）时的唱腔，曲调低沉，音乐节奏自由缓慢，平稳抒情，音域不宽，如泣如诉，悲切感人。

仫佬族民间使用的乐器有二胡、三弦、琵琶、月琴、箫、笛、唢呐、钟、鼓、锣、钹、罄等。道师使用的两种既是乐器又是法器的东西比较独特，一种是锡角，用锡铸成，形似牛角，多用于追魂、遣鬼时吹奏；另一种是法剑，用铁锻制，形似匕首，下坠数只小铁环，作法时舞动起来铿锵有声。

二、舞蹈

仫佬族民间舞蹈主要有依饭舞、装身学法舞、花灯舞、狮舞、龙舞、长腰鼓舞、芦笙舞等，其中以依饭舞、装身学法舞、花灯舞较为独特。

依饭舞是在依饭节期间，由师公扮演所请的尊神来赴宴时所跳的舞蹈。其表演形式主要有两种类型，一种是跳神祭祀为主的独舞形式，表演有固定的程序；另一种是以表演生活内容拟劳动动作为主的小型舞蹈，无固定形式，表演动作形态诙谐，调度自由，还可与观众对话。依饭舞有三步罡、五步罡和丁字罡等基本步伐，当中贯穿点掌、提膝等动作。其舞蹈动作在平稳中稍带跳跃，沉静中略显轻松，节奏稳健，粗犷有力。

装身学法舞是仫佬族宗教祭祀或“追魂”仪式中由师公表演的一种舞蹈。举行仪式时，由一个师公在草席上表演舞蹈，另两个师公分别敲鼓、吹锡角伴奏，整个舞蹈分为禀神、装身、学法、斩妖、追魂五个程序。

花灯舞是仫佬族在打斋祭祀活动中表演的一种舞蹈。整个舞蹈分为3段，第一段是拜五方，在原地走罡步，转灯并朝拜东、西、南、北四个方向；第二段叫串三门，即一边盘灯，一边穿梭换位，是主要舞段；第三段叫行坛倒步，将灯碗扑于地上成三角形，三位师公成三角形在原地走罡步，最后作叩拜结束。

三、仫佬剧

过去，仫佬族没有自己民族的剧种。新中国成立后，仫佬族艺术家们在仫佬族特有的依饭节歌舞表演和仫佬族民歌的基础上，借鉴了壮剧和彩调的戏剧艺术经验，创作了自己民族的戏曲——仫佬剧。20世纪80年代，仫佬族作家赖锐民和彩调艺术家江波合作的《潘曼小传》（又名《潘曼戏丑》）的成功演出，标志着仫佬剧的诞生。这部剧讲述的是仫佬族口头文学中机智人物潘曼的故事，是彩调艺术、仫佬族民间音乐舞蹈、仫佬族民俗风情相结合的仫佬族风情歌舞剧。

在仫佬剧中，《潘曼小传》和《鸡生鸭熟》都堪称优秀剧目。它们发扬了彩调亦歌亦舞的表现形式和亦庄亦谐的审美情趣，很好地适应了仫佬族人民性格中诙谐、幽默的一面。

第四节　草龙飞舞

仫佬族传统体育与游艺活动丰富多彩，形式多样，有舞狮、舞龙、武术、斗鸡等传统体育活动，其中以舞草龙、凤凰护蛋、群龙争珠、象步虎掌、抢花炮、打灰包、抢粽粑、竹球、烽火球、竹连球、打竹筒、打草球等体育项目最具特色。

舞草龙。舞龙是仫佬民间传统体育项目之一，有布龙和草龙两种，其中的布龙与汉族地区类似，草龙则较为独特。仫佬族舞草龙历史悠久，可以追溯到明代。草龙是用稻草编成的，有龙头、龙身和龙尾，龙身分为六节、九节或十二节，长度可由编织者自定，中间用草绳或草裙相连接，龙头前面用草扎个圆球作为“龙宝”，然后在龙身、龙宝上装饰一些彩纸。春节期间，仫佬山乡到处敲锣打鼓舞草龙游村，人们舞着草龙挨家挨户去拜年，每到一户人家前面，主人家就点燃一把香插到龙身上，渐渐地，草龙就变成了火龙。舞完草龙后，再把草龙抬到河边烧掉，以祈求风调雨顺、五谷丰登。2010 年，仫佬族舞草龙被列入广西第三批非物质文化遗产名录。

抢花炮。每年农历六月二十四日，在“龙王庙”的庙会上，举行抢花炮活动，因此也称为“花炮节”。每届“花炮节”只放五炮，每炮有一个花环，由上届花环得主联合主持。当主持人宣布开始后，点炮人员依次点响花炮，花炮将花环射向空中，然后徐徐飘落，当落到 5～10 米的低空时，各村屯组织的抢花炮队伍立即向花环降落的方向跑去，先抢到花环的人，立刻被其他人团团围住，大家相互抢夺，因此拿到花环的人必须与队友密切合作，相互掩护和传递才能成功，否则就会被别队的人抢去，最后拿到花环的人必须穿过附近山坡上的龙王庙大门方可算胜利。如果各队争得难解难分、时间过长，以主持人击响庙内钟声为号，停止争夺，花环在谁手中，谁就获胜。抢得花环者被认为得了“天赐之福”，一人得福，全队分享，全村安康。当晚便杀猪举行乡饮，热烈庆祝。抢得花环者被视为村中英雄，受到人们的尊敬。

舞草龙　（李桐摄）

打灰包。是仫佬族传统的射击比赛项目。比赛前，先用蚊帐布缝制多个直径约 5 寸的小袋，然后装上石灰粉，等距离悬挂在距离射击点约 40 米处。参赛者穿上节日盛装，扛着砂枪，挎着装有土硝铁砂的袋子，进入射击场。比赛开始后，参赛者依次进入射击点，沿规定的距离与悬挂灰包目标线平行跑步行进射击，以击中灰包撒出石灰粉为命中。跑步时间短、射中多者为胜。获胜者奖给猪脚，所以这种比赛也称为“打猪脚”。

凤凰护蛋。又称“母鸡护窝”，是仫佬族少年儿童的一种娱乐游戏活动。这种游戏不需要很大的场地，只在村头巷尾找一块稍为宽平的地方画一个圆圈做“凤凰窝”，中间放 3 块小石头做“凤凰蛋”。每组 6 个人，其中 1 人扮“母凤凰”负责护蛋，其余的人扮“天兵天将”负责抢蛋。扮“母凤凰”者两手撑地，两脚踏地，形成俯卧姿势，守护着3个蛋。扮“天兵天将”者则以各种方式设法夺取“凤凰蛋”，他们只要被“母凤凰”的脚碰触到，就被取消夺“蛋”的资格。约5分钟内，以能否抢完3个“蛋”来断定输赢。

抢粽粑。相传起源于明朝，在每年的依饭节或冬至日举行，祭祖先、敬神灵，庆贺丰收，同时预祝来年五谷丰登、六畜兴旺、人丁平安。在比赛场地上以6米为半径画出一个圆圈，中间摆一张竹方桌，桌上放置一个大水缸，缸内盛三角粽，并加入开水淹满。沿大圆圈边线等距离放置“乐登桥”1座，竹圈4个，山门1座，以水缸为中心，等距离、相间隔地摆3个箩筐。比赛一般以“冬”为单位组队，每队由一男二女共3名运动员组成，3个队员分别拿竹筷子、竹夹子和竹捞绞捞缸内的粽粑。3个队同时上场竞争。比赛通常要进行3局不同形式的角逐。第1局为三人合力抢粽粑，第2局为三人接力抢粽粑，第3局为三人依次抢粽粑，最后以抢得粽粑多者为胜。

烽火球。烽火球源于古近代防治匪患。过去，仫佬山乡匪患严重，因此各村寨多在后山设烽火台，一旦发现匪情，烽火手便迅速上山点燃烽火台，吹响牛角号，本屯群众便会立即集中，周围村寨的群众也会以最快速度赶来支援。为此，各个村寨每年都举办选拔赛，选出身强力壮的烽火手。如今的烽火球比赛是以此为基础改进而成的。比赛场地为长20米，宽10米的平地，两端线中点各置一油缸作为烽火台。用布条绞成茶杯口大的小球，浸煤油制成火球。比赛开始，由裁判员点燃火球，置于发球点（中线中心点）。双方各有3名队员，分别持竹夹、长筷子、竹捞绞以夹、捞火球，也可以用手直接抓火球。双方队员配合掩护，追堵拦截，以夹、捞、抓住火球点燃对方油缸（烽火台）得1分，得分多者为胜。

竹球。始自清朝初年，源于仫佬族的竹编工艺及依饭节风情。“竹球”用竹篾编制而成，在依饭节时用于争抢比赛，优胜者被拥推为下一届依饭节的主持和操办人。此活动后来由个体争抢发展为群体竞技。其做法是用两个竹罩倒放在两个颠倒的竹餐桌上作为“篮”，分别置于有一定距离的平地上，参赛双方不分男女老少，用“竹球”投“篮”，投中1次计1分，以时间为限，得分多者为胜。

竹连球。始自明末清初，源于仫佬族的竹编工艺。仫佬族制作的簸箕、镰刀垒、谷围别致而实用，是不可或缺的农用收割工具。因簸箕外形似半个球，将两个簸箕对口合二为一，就成了“竹簸球”，可供人们丰收时在晒谷场争抢比赛。其做法是以镰刀垒为击球棍，合二为一的簸箕为球，谷围为栏门。比赛时两根镰刀垒必须用一根1米长的彩带或绳子连起来。参赛双方一般是男女混合，即男女各持相连在一起的镰刀垒球棍共同击球，击进栏门1次计1分，得分多者为胜。

打竹筒。就是把锯下的竹筒置于场地中央，大家手拿一根竹竿，同时向置于场地中央的竹筒进行争抢，谁能将竹筒打入鸭笼中即归谁所有，进多得多。

打草球。是秋后农闲时仫佬人民的一项娱乐活动。刚开始时为两人对垒，以扁担争打草球，攻入对方拦门，进球多者为胜。后来发展成为多人争抢的一项民间体育活动。草球用禾秆芯编制而成，球体为橄榄形。

象步虎掌。是仫佬山乡老少都喜欢的竞技角力比赛。秋后的农闲季节，一些仫佬族民众便聚集在村前的大榕树下或村中的晒谷坪上，比力气、赛耐力。其做法是在地上划一条“河界”，参加角逐的双方面对面地站在“河界”两边，扎稳马步。裁判员发令开始后，两人双掌（亦可单掌）对撑，各施其力，将对方脚掌任何一只推离原位或者身体前倾，脚掌落入“河界”者为胜。

群龙争珠。是仫佬族青年在水中进行的有较强竞争性的体育活动。在夏季农活不忙的时候，仫佬族青年拿出本地出产的水果，来到河边或水库边，举行“群龙争珠”竞技会。其做法是：先将人分组，然后向河里投放一定数量的水果或石子，依次潜入水中将水果或石子摸上来。在规定的时间内，以摸得水果数量最多者为胜。奖品就是水果，输的一方则罚游水。

第五节　美丽的传说

勤劳勇敢的仫佬人民，在披荆斩棘、开发仫佬山乡的过程中，创造出了许多美丽的传说，其中既有关于世界的形成、万物的来源、人类的产生的创世神话，也有风雨雷电、日月星辰等自然现象的传说，还有关于人们日常生产、生活的故事，内容极为丰富，而且具有浓郁的民族特点和地方特色。

仫佬族地区流传的传说故事中，关于人类起源的神话有《婆王神话》、《伏羲兄妹造人伦》、《洪水漫天的故事》；关于天地起源的神话有《天是怎样升高起来的》、《歌唱盘古龙》；英雄人物故事《吴平大王》、《稼》等；机智人物故事《潘曼的故事》；风物传说《依饭节的传说》、《牛王节的传说》、《舞草龙的传说》、《发髻的故事》、《麦秆帽》等；山川地名传说《凤凰山》、《垦王山》、《鸳鸯石》等；童话和寓言故事《老鼠开会》、《桃子树下》等。[①]

洪水漫天的故事

相传在洪荒时代，天下有一家三兄一妹和姆老（母亲）五口人一

① 此节的民间故事引自包玉堂主编．仫佬族民间故事．漓江出版社，1982；李干芬，胡希琼著．仫佬族．民族出版社，1991；罗日泽，过竹，过伟著．仫佬族风俗志．中央民族学院出版社，1993.

起生活。两个哥哥生性野蛮，不讲情义，年迈的姆老不能干活，遭到他们的毒打，两个年幼的弟妹勒西和倍西非常伤心，扑在母亲身上号啕大哭。这件事被天上的雷公知道了，他决定要惩罚这两个恶人。两个哥哥知道之后就设计抓雷公，他们用河底的青苔草将整个屋顶封住。几天后，乌天黑地，雷雨交加，雷公从云间跟着一条金色的电光劈向屋顶，碰上青苔后滑倒在庭院里。哥俩飞奔出去，把雷公抓住，然后把它关在鸡笼里，打算等到吉日把雷公杀了大吃一顿。

一天，哥俩上山干活去了，交代年幼的弟妹在家看好雷公。雷公被关在鸡笼里，一连几天都喝不上水，又饿又渴，嘴里喷发出闪闪的金光，勒西、倍西觉得好玩，不时发出嘻嘻的笑声。这时雷公对他们说："小弟妹呀，我几天吃不上东西了，又饿又渴，请给我一碗水喝好不好？"弟妹俩回答："不得！不得！我哥出去干活时说了，不准给你水喝，给了，你会飞走的。"雷公又说："那你们拿个水瓜给我嚼嚼吧，要不然我口太干，发不出火来，你们就没有好看的咯！"小弟妹想了想说："好呀！"就各拿了一个水瓜丢进笼里。雷公吃完了水瓜，恢复了力气，猛力一挣，将鸡笼撑破，钻了出来，顺手拔下一颗门牙交给弟妹俩，并对他们说："这是一粒葫芦种子，你们把它种在园里，很快就会长大结瓜，等到瓜熟后摘下，把瓜心挖空，晒干，然后每天把吃剩的锅巴饭装到里面，到时会有用处。"说完就飞走了。

两个哥哥从外面干活回来，发现雷公不见了，把小弟妹痛打一顿，赶出家门。勒西和倍西兄妹俩只好住在山洞里，摘野菜、野果充饥。第二年春天，他们按照雷公说的把葫芦种子种下，没过多久，就长出了一个几百斤重的大葫芦瓜。瓜熟之后，又按照雷公说的在葫芦里装上了锅巴饭。过了不久，突然乌云密布，狂风大作，电光闪闪，大雨倾盆，一连下了六六三十六天，山洪暴发，水淹天门，天下的人都被淹死了，只有勒西和倍西两兄妹躲在葫芦里，幸免于难。后来为了繁

衍人类，兄妹俩被迫结婚。婚后不久，倍西怀孕了，几个月后产下一个肉团。勒西看后气得拿起石块把肉团砸成碎粒，抛撒到四周的山地上。第二天，这些肉粒都变成了人，于是四面的山坡、山场上，人声鼎沸，天下又开始有人类生息了。

依饭节的传说

相传仫佬人的祖先经尽千辛万苦，开垦出大片田地，种上了庄稼，但是还未到收成，就被百鸟百兽糟蹋完了。九头山上有一个叫罗义的后生，力大过人，能射一手好箭。他带领一帮青年日夜狩猎，仍然顾此失彼。有一天，罗义在山上碰见一个凤凰窝，老凤凰被毒蛇咬死了，剩下两只凤凰蛋，他把凤凰蛋带回家让母鸡孵，不久就孵出了一对小凤凰，后来长成金色羽毛的两只大凤凰。凤凰长大后，罗义天天带它们去巡田狩猎。凤凰在田野上展翅飞翔，昂首高叫两声，百鸟便乖乖地躲进了山林。百鸟被制服了，但是百兽仍然到处为害。罗义听一位老者说，狮子是百兽之王，只要制服了狮子，百兽就不敢猖狂了。老者还告诉罗义，立冬之日是狮子的生日，它们喜欢在头一天晚上出来捕捉食物，准备第二天大摆酒宴，那时就可以设法抓住它们。于是在立冬日的前一天，罗义带上金凤凰和弓箭，埋伏在密林里，设法抓狮子。傍晚，三头狮子出现了，金凤凰立即扑向狮子，双方斗得难解难分，罗义拉开神弓，嗖！嗖！嗖！连发三箭，射伤了三头狮子的前腿。狮子抬头一看，见是神箭手罗义，慌忙下跪求饶。罗义大喝："山中狮子王，莫要再猖狂，命你管百兽，守卫我田庄。"从那以后，狮子日夜守护田野，两只金凤凰则站在九头山东北面，监督着狮子。后来，三头狮子化成三座石山，形成罗城县城西南的"三狮赶兔"的奇观；两只金凤凰也化成了两座石山，即县城东北的凤凰山和小凤凰山。罗义见野牛力气大，就捕回一头母野牛，准备驯化它来耕地，可惜还来不及把野牛驯化好，他就去世了。后来他的女儿罗英，继承父志，驯服了野牛，让它帮人拉犁耙田。第二年，母野牛生下了12头小牛，罗英把它们分给九冬十二寨的仫佬乡亲，大家都能用牛耕地了，田地越开越多，人人有饭吃，有衣穿。人们为了纪念罗义父女的功德，便定期做“依饭”，祭祀他们。

另一个传说依饭节是为了纪念对仫佬人有恩的白马姑娘。相传很久以前，有一年，野猪、野牛、老虎、狮子等各种野兽都跑出山林，伤害人畜，破坏庄稼，其中一头狮子见人就咬，见庄稼就吃，逼得仫佬人四处躲避，没法过日子。就在这危难时刻，从天边来了一位白马姑娘，她力大无穷，赶跑百兽，打死了狮子。她从狮子的嘴里夺回了几束谷穗，给仫佬山乡留下了谷种，她还用芋头造水牛、红薯做黄牛，从此，仫佬人用牛犁田耙地，她还请众仙下凡帮仫佬人消灾除难。从那以后，仫佬山乡风调雨顺、一派丰收景象，人们有饭吃，有衣穿，仫佬人过上了安心的日子。为了感谢白马姑娘和众位神仙，于是定期举行“依饭”活动，祭祀众神，同时也希望众神保佑来年再获丰收。

还有一个传说，很久以前，仫佬人的一位始祖无辜被捕入狱，在大牢里受尽折磨。后来，有两位叫梁善利、吴广惠的狱卒打抱不平，在一个漆黑的夜晚，暗中助他越狱。逃跑途中道路崎岖，伸手不见五指，仫佬始祖眼看就要被追兵追上了，这时一位美丽的姑娘赠送了一匹白马，从而逃出了险境。为了纪念这几位恩人，其后代尊梁、吴二人为侯王，白马姑娘为神仙，并且定期举行隆重的祭祀活动，以感谢他们。

潘曼的故事

潘曼，是仫佬族民间传说中一个阿凡提式的人物。潘曼出身贫苦，聪明机智，专爱打抱不平，常常弄得一些地方官吏和财主老爷丑态百出，狼狈不堪。潘曼是仫佬族人民智慧和反抗精神的化身。关于他的传说故事有很多，这里仅举两例。

是谁把牛偷走了。县城里有一户贫苦农民，被人偷走了一头耕牛，到县衙门去报案，县官说："牛是你的，你不管好，给人偷了，活该！"一家人哭得死去活来。潘曼听说这件事后，对牛的主人说："牛已经被偷走了，哭是哭不回来的，还是想办法去找吧。""案子报到官府，县官都不管了，我们到哪里去找呢？"主家哭得更伤心了。潘曼想了想，说："我知道牛的下落了！只要你们有胆量，我一定帮你们把牛找回来。"第二天一早，潘曼和这家户主又到衙门去告状。县官接过状纸一看，脸色由红变白，由白变青。原来状纸上告的偷牛人正是县官老爷。县官把惊堂木重重一拍，大声呵斥："小小百姓，胆敢愚弄我县太爷？我堂堂父母官，怎会去干那种偷牛盗马之事。侮辱本官，应该重罚。来人，把这两个刁民押下去各打五十大板。"这户主从未见过此种场面，被吓得浑身直打哆嗦。这时潘曼不紧不慢地说："县官老爷息怒，听小的从实禀来。"县官见他神态自若，心中不免升起疑团。潘曼说："启禀父母官！小小罗城，四个城门，四条大路，守城不守，知县不知，白吃俸禄。我的牛栏固如铁桶，你的城门烂如豆腐，半夜三更牛被偷，你说是何缘故？"县官被问哑了口，不知如何对答。潘曼又说："这区区小事，你若不办，小人只好告到州府，谁输谁赢，请老爷三思！"县官自知治县不严，亏了道理，又怕事情越闹越大，乌纱帽难保，只好哑巴吃黄连，给了农户一头耕牛，了结此事。

无底油筒。县城有个油商，为人吝啬刻薄，乡下人每次进城跟他买油，他总要克扣秤头，短斤少两。他有个油提，只有 15 两，硬说是 1 斤（注：过去 16 两为 1 斤）。大家恨透了他。潘曼见这油商实在太可恶，便决心教训他一下。一天，潘曼装成一个从大山村里出来的农民，肩上扛着一根长长的竹筒，来到油铺面前。"打油。"潘曼边喊边从肩上放下竹筒。"油筒呢？"油商问。"就用这个竹筒装。""你要打多少油？""装满这个竹筒就行。"油商看了看竹筒，心想：这个竹筒少说也能装20多斤油，我少打给你两斤三斤，量你也不知道。于是，笑着说："是啊，山里人嘛，难得出山一趟，是应该多带一点。"潘曼说："老板，你先给我装好，我到对面布店扯几尺布，回头再给你们算钱。"油商正愁没机会下手，听潘曼这么说，心里乐开了花，忙说："这事好办，这事好办。"

油商见潘曼进了对面商店，马上打起油来。竹筒太长了，他便把它斜着，一头靠着油桶，一头伸到大街上。一提，两提，三提……十提……十五提……一桶油差不多打完了，竹筒还是不见满，油商感到有点奇怪。这时，过路人大声惊呼："油老板，今天开恩啊，怎么用油来敬天敬地呢?"油商停手一看，街上都流满了油，原来这个竹筒两头都是空的。他这才知道被人耍弄了，当场气得昏倒在地。从此以后，那个油商再也不敢对买油的乡下人克扣斤两了。

舞草龙

民间传说舞草龙是小长安乡地州屯的年轻人最先兴起的。据说有一位青年，过年的时候，看到别人舞布龙，非常羡慕，但是自己却没有钱买材料做布龙，于是就想了个办法，用稻草来编成草龙，形状像布龙一样，有龙头、龙身、龙尾。春节期间，一帮年轻人敲锣打鼓舞草龙游村，挨家挨户去拜年。有一次夜间不小心把草龙烧着了，年轻人舞起这"火龙"另有一番风趣，大人看了也忍不住参加，舞草龙逐渐成为全屯集体性的活动。有一年，地州屯的草龙到县城拜年，全城老少第一次见这样的龙，于是全城的人都出来烧炮，因为鞭炮烧多了，草龙队出城的时候，草龙被烧得只剩下一个龙嘴巴。说来也巧，就在烧草龙的那一年，雨水特别好，人们都说这是草龙被烧后，到水龙王那里报告，称赞仫佬人崇敬"龙神"，因而"龙王"给人们赐福。从此以后，每年春节，村村寨寨舞草龙，舞完后就拿到河边烧了，把它送到龙王那里，祈求龙王赐福，保佑风调雨顺、五谷丰登。

第四章

美丽山水间的仫佬人

第一节　过去、现在和将来

历史上，虽然出现过“姆姥”（与仫佬同音）这一称谓，但仫佬族并没有被当作一个独立的民族群体来对待，史籍中也没有关于仫佬族人口数量的记载，因此，无法分析从古代至民国年间仫佬族人口的变化情况。中华人民共和国成立后，经过民族识别，仫佬族被确定为单一的民族，从那时开始才有了仫佬族人口的统计。

从全国人口普查数据来看，1953 年第一次全国人口普查时，仫佬族总人口为 43 167 人，2010 年第六次全国人口普查时，仫佬族总人口增长到 216 257 人。1953～2010 年的 57 年间，全国仫佬族人口增加了 173 090 人，增长了 400.98%，年平均增长率为 28.67‰。1953～2010 年，全国总人口增长了 130.65%，年均增长率为 14.77‰；汉族人口增长了 124.91%，年均增长率为 14.32‰；除了仫佬族以外的其他少数民族人口总共增长了 219.39%，年均增长率为 20.58‰。由此可见，仫佬族人口的增长速度明显高于全国总人口的增长速度，也高于汉族和除仫佬族外的其他少数民族人口的增长速度。

从1953～2010年六次人口普查情况来看，前期仫佬族人口的增长速度较为缓慢，中期快速增长，后期增速减慢。从总的情况来看，从新中国成立后一直到2000年第五次全国人口普查期间，仫佬族人口的增长速度都要高于全国总人口增长的速度，但是进入21世纪以后的10年，仫佬族人口的增长速度明显趋缓，甚至低于全国总人口的增长速度。

第一阶段：1953～1964年，第一次全国人口普查至第二次全国人口普查期间，仫佬族人口的增长相对较缓慢，人口数量从1953年的43 167人，发展到1964年的52 819人，11年总共增长了22.36%，年均增长18.51‰。同一时期，全国总人口从5.78亿人增加到6.91亿人，总共增长了19.62%，年均增长16.42‰。可见，这一时期仫佬族人口的增长只是略高于全国总人口的增长。

第二阶段：1964～1982年，第二次人口普查至第三次人口普查期间，是仫佬族人口增长较快的时期，从1964年的52 819人发展到1982年的90 357人，18年总共增长了71.07%，年均增长30.28‰。同一时期，全国总人口从6.91亿增加到10.04亿人，总共增长了45.24%，年均增长20.95‰。这一时期，全国人口总量的增长比较多，年均增长率也比较高，而仫佬族人口的增长与全国总人口的增长相比，还要更快，其年均增长率比全国总人口的年均增长率高出9.33‰。就仫佬族人口自身的增长来看，与前一阶段相比，则提高了11.77‰。可见，这一阶段仫佬族人口的增长，不管是与前一阶段仫佬族本身人口增长的情况比较，还是和同一时期全国总人口增长的情况比较，其速度都是比较快的。

第三阶段：1982～1990年，第三次人口普查至第四次人口普查期间，是仫佬族人口高速增长时期。仫佬族人口从1982年的90 357人发展到1990年的160 648人，8年时间就增加了70 291人，增长了

77.79%，年均增长74.58‰。同一时期，全国总人口从10.4亿增加到11.31亿，增长了12.61%，年均增长14.96‰。与前一阶段相比，全国总人口的增长速度明显降低，年均增长率降低了5.99‰。这是实行计划生育政策的结果，特别是1982年计划生育政策被定为基本国策之后，出生率得到有效控制，人口出生率降低了，增长率也就随之降低。但是这一时期，在国家实行计划生育之后，仫佬族人口的增长速度不但没有降低，反而出现了高速增长的情况。与前几个阶段相比，这一阶段仫佬族人口的年均增长率是第三阶段年均增长率的1倍多，是第二阶段年均增长率的4倍。

这一时期仫佬族人口的增长有一个重要原因是确认或更改民族成分造成的。党的十一届三中全会以后，国家的民族政策逐步得到落实，1981年11月，国务院人口普查办公室、公安部、国家民委下达了《关于恢复或改正民族成分的处理原则的通知》，根据这一文件精神，各少数民族地区进行了核实民族成分的工作，仫佬族地区也不例外，有部分汉族或壮族的人口改为仫佬族。罗城县成立仫佬族自治县也促使一些人更改民族成分。根据我国的民族政策，一个人的民族成分可以随父也可以随母，那些原来不是报仫佬族的人，如果其母亲、祖母或外祖母是仫佬族，只要其本人愿意，均可改为仫佬族。因此，在1983年罗城仫佬族自治县成立前后，有很多人把民族成分更改为仫佬族。另外，国家对少数民族特别是人口较少的民族，在招生、招工、招干、计划生育等方面都有优惠政策。因此，在罗城仫佬族自治县以外的地区，与仫佬族通婚的汉族、壮族的后代，他们当中部分人的民族成分也改为仫佬族。民族政策的落实以及国家允许更改民族成分的规定，正是这一时期仫佬族人口快速增长的重要因素。

第四阶段：1990～2000年，第四次人口普查至第五次人口普查期间，仫佬族人口的增长速度逐渐减缓。1990 年人口普查时仫佬族人口为 160 648 人，到 2000 年第五次人口普查时增加到 207 352 人，增加了 46 704 人，10 年增长了 29.07%，年均增长率为 25.85‰。从仫佬族人口自身的发展来看，这一时期仫佬族人口的增长约为前一阶段年均增长率的 1/3，说明仫佬族人口的增长已呈现出明显下降的趋势。因为 20 世纪 90 年代以后，更改民族成分受到限制，再也没有大批人口更改民族成分的情况。

同一时期，全国总人口从 1990 年的 11.31 亿人，到 2000 年增加到 12.43 亿人，增加了 1.12 亿人，总共增长 9.92%，年均增长率为 9.5‰。与全国总人口相比较，仫佬族人口的增长速度远远高于全国总人口的增长速度，其年均增长率达到 25.85‰，是全国总人口年均增长率的两倍多接近 3 倍。可见，这一时期仫佬族人口的增长速度相对来说还是较高的。

第五阶段：2000～2010 年，第五次人口普查至第六次人口普查期间，仫佬族人口的增长速度非常缓慢。2000 年人口普查时仫佬族人口为 207 352 人，到 2010 年第六次全国人口普查时增加到 216 257 人，10 年时间总共增加了 8905 人，增长了 4.3%，年均增长率仅为 4.42‰。与前一阶段相比，仫佬族人口的年均增长率从 25.85‰下降到 4.42‰，呈现出急剧下降的趋势。

这一时期仫佬族人口的增长率出现急剧下降的情况，总的来说是人们观念的改变。首先，随着社会的发展，计划生育政策深入人心，人们的生育观念发生了变化，大多自觉响应计划生育政策，不愿意多生孩子，在仫佬族家庭中极少有 3 个或 3 个孩子以上的情况；其次，现在的年轻人大多外出打工，生活压力大，晚婚晚育的现象越来越普遍，出生率下降，人口增长率自然也就随之下降。可以预见，在未来一段时间内，仫佬族人口将会继续保持较低的增长率。

第二节　仫佬山乡的男男女女

仫佬族人口的性别结构，总的来说是男多女少。2010 年第六次全国人口普查，全国仫佬族人口 216 257 人中，男性为 110 516 人，占总人口的 51.1%，女性为 105 741 人，占总人口的 48.9%，性别比为 104.52。同一时间点，全国总人口中，男性占 51.2%，女性占 48.8%，性别比为 104.9；汉族人口中，男性占 51.2%，女性占 48.8%，性别比为 104.9。仫佬族人口性别比与全国总人口和汉族人口相比，均低 0.38。

从最近几次人口普查情况来看，1982 年第三次全国人口普查时，全国仫佬族人口的性别比为 103.51；1990 年第四次全国人口普查时，仫佬族人口的性别比为 103.41；2000 年第五次全国人口普查时，仫佬族人口的性别比为 106.94；2010 年第六次全国人口普查时，仫佬族人口的性别比为 104.52。1982 年以来，仫佬族人口的性别结构变化呈波浪形，有升有降。1982～1990 年，性别比有所下降，但 1990～2000 年，性别比快速上升，提高了 3.53，2000～2010 年，性别比又呈下降趋势，降低了 2.52。

从不同年龄组的性别结构来看，2010 年第六次全国人口普查时，全国仫佬族人口中，0～4 岁的总人口为 17 640 人，其中男性 9322 人，女性 8318 人，性别比为 112.07；5～9 岁的总人口为 13 879 人，其中男性 7265 人，女性 6614 人，性别比为 109.84；10～14 岁的总人口为 13 842 人，其中男性 7101，女性 6741，性别比为 105.34；15～19 岁的总人口为 15 653 人，其中男性 7925 人，女性 7728 人，性别比为 102.55；20～29 岁的总人口为 43 411 人，其中男性 21 735 人，女性 21 676 人，性别比为 100.27；30～39 岁的总人口为 36 188 人，其中男性 18 973 人，女性 17 215 人，性别比为 110.21；40～49 岁的总人口为 32 736 人，其中男性 17 165 人，女性 15 571 人，性别比为 110.24；50～59 岁的总人口为 19 549 人，其中男性 10 077 人，女性 9472 人，性别比为 106.39；60～69 岁的总人口为 12 439 人，其中男性 6151 人，女性 6288，性别比为 97.82；70～79 岁的总人口为 8035 人，其中男性 3735 人，女性 4300 人，性别比为 86.86；80 岁以上的总人口为 2885 人，其中男性 1067 人，女性 1818 人，性别比为 58.69。

仫佬族人口性别结构的变化可以分为 3 个年龄段：（1）0～29 岁人群中，按年龄从大到小，性别比呈上升趋势，也就是说，年龄越小的组别，男性人口对女性人口的比例越大，这说明最近 30 年以来出生并存活的人口中，性别比呈逐年上升的趋势，男多女少的情况越来越严重。（2）30～49 岁人群中，按年龄从大到小，性别比呈下降趋势。（3）50 岁以上人群中，按年龄从大到小，性别比呈上升趋势，其中 50～59 岁的人群，仍然是男多女少，但 60 岁以上的年龄组中，则是女多男少，而且年龄越大，女性人口比男性人口越多，说明女性的平均寿命要比男性长。

第三节　跨入老龄行列

据 2010 年第六次全国人口普查资料，以 5 岁为一个年龄组，仫佬族人口的年龄构成中，以 20～24 岁组（1986～1990 年出生）的人口所占比例最大，占 10.28%，其次是 25～29 岁组（1981～1985 年出生），所占比例为 9.8%，再次是 30～44 岁各年龄组所占比例，说明在仫佬族人口中，青壮年人口所占比例是比较大的；从 15～19 岁组（1991～1995 年出生）到 10～14 岁组（1996～2000 年出生）的人口所占比例呈下降趋势；2000 年以后出生的即 5～9 岁组至 0～4 岁组人口

所占比例又呈上升趋势，其中以0～4岁人口所占比例最大；45岁以上各年龄组，年龄越大，所占比例越小。

与全国总人口的年龄结构进行比较，仫佬族人口年龄构成中与全国总人口相同的是，均为20～24岁组所占比例最大。不同的是，全国总人口从15～19岁组到5～9岁组所占比例均呈下降趋势，只是0～4岁组所占比例稍高，但从0岁至14岁各组所占比例均不超过6%，最高为0～4岁组的5.67%；仫佬族人口从0岁至14岁各组所占比例的变化有起有伏，而且均超过6%，其中0～4岁组为8.16%。仫佬族14岁以下人口占20.98%，而全国总人口中14岁以下的少年儿童人口所占比例仅为16.61%，也就是说，仫佬族14岁以下的少年儿童人口所占比例高于全国总人口4.37%；仫佬族20～49岁青壮年人口占51.95%，全国总人口中同年龄段人口所占比例为50.57%，仫佬族青壮年人口所占比例也高于全国总人口；60岁以上的老年人口中，仫佬族的比例为10.8%，全国总人口的比例为13.32%，仫佬族的老年人口所占比例低于全国总人口2.58%。从数据来分析，仫佬族的老年人口所占比例虽然比全国低，但总的比例也不小。

2000年第五次全国人口普查时，仫佬族60岁以上人口为18 288人，占总人口的比例为8.82%，65岁以上人口所占比例仅为5.86%，还未进入老龄化社会。2010年第六次全国人口普查时，仫佬族60岁以上的人口为23 359人，占总人口的10.8%；65岁以上人口为16 409人，占总人口的7.59%。全国总人口中，60岁以上人口所占比例为13.32%，65岁以上人口所占比例为8.92%。仫佬族60岁以上人口的比例比全国低2.52%，65岁以上人口的比例则比全国低1.33%，50～54岁和55～59岁组的比例也比全国要低，说明仫佬族人口老龄化问题没有全国那么严重。

第四节　民族文化素质的提高

人口的文化素质是人口素质的重要体现，一个民族人口的文化素质的高低对本民族的发展有着重要的影响。在改革开放后，特别是实行九年制义务教育之后，仫佬族人口的文化素质有了很大提高。

据2010年第六次全国人口普查资料，仫佬族6岁以上人口中，具有大学以上文化程度（包括大学专科、大学本科和研究生）的人口为17 382人，在6岁以上人口中所占比例为8.89%，比2000年增加了11 252人，是2000年的2.84倍；高中文化程度的人口为22 281人，在6岁以上人口中所占比例为11.38%，比2000年增加了1839人，增长0.66%；初中文化程度的人口为73 733人，在6岁以上人口中所占比例为37.33%，比2000年增加了15 623人，增长6.83%；小学文化程度的人口为74 142人，在6岁以上人口中所占比例为37.88%，比2000年减少了18 847人，降低了10.92%；未上过学的人口为8194人，在6岁以上人口中所占比例为4.19%，比2000年减少1482人，降低了0.89%。

2010年第六次全国人口普查与2000年第五次全国人口普查情况比较，仫佬族人口中初中以上文化程度人口所占比例均有提高，特别是大专以上文化程度的人口大幅提升，而小学文化程度以及未上过学的人口则明显降低，这些情况说明仫佬族人口的整体文化素质有很大提高。但在整体文化构成中，小学和初中文化程度人口比例占75.21%，说明仫佬族人口的文化程度仍以小学和初中为主。

综合来看，未上过学和小学文化程度人口中，女性明显高于男性；初中和高中文化程度人口中，则是男性明显高于女性；大专以上文化程度人口中，男性与女性差别不大，总体上是女性人口多于男性人口，

其中大专文化程度女性略高于男性，本科和研究生文化程度男性略高于女性。与全国总人口进行比较，仫佬族大专以上文化程度人口的比例比全国低0.64%，高中文化程度人口的比例比全国低3.64%，初中文化程度人口的比例比全国低4.37%，小学文化程度人口的比例高于全国9.13%，未上过学的人口比例低于全国0.81%。在各类文化程度构成中，仫佬族小学文化程度的比例明显高于全国，而初中以上文化程度所占比例均低于全国，说明仫佬族人口的总体文化程度水平低于全国。

第五章

生命的赞歌

第一节　多子多福与有儿即福

孩子是上天派到人间的天使，是一个家庭、家族乃至民族的未来希望所在，在生产力低下、自然环境恶劣的过去，多生孩子、人丁兴旺几乎是每一个仫佬人的期盼，多一个孩子就意味着多一个劳动力，就多了一份与大自然抗争的力量，因此仫佬人对婴幼儿很爱护，历史上无堕胎、溺婴等习惯。但在新中国成立前，仫佬族地区常有疟疾、痢疾、流行性感冒、腹泻等疾病流行，各村屯基本没有医疗机构，村民患病多是求神问鬼，把希望寄托于神的庇护，或请本民族的草药医生、外地来的游方医生诊治，能够到县城卫生院诊治的只有少数有钱人。多数贫苦家庭由于经济困难，无力对各种疾病进行有效防治。因此，一旦发生疾病流行，便有大批人死亡，抵抗力相对较差的婴幼儿便首当其冲。即便是在没有疾病流行的年份，由于缺医少药，加上育儿方式又欠妥当，小儿患病死亡的也很多，尤其是贫苦人家的子女，由于父母生活困难，终日为生计奔波，对幼儿的照顾不太周到，因而婴幼儿死亡率更高。仫佬人只能通过多生育来弥补，在新中国成立以

前，仫佬族人口生产呈现出高出生、高死亡、低增长的特点，处于自然繁衍状态。

不过，传统仫佬人的生育行为也并非是无序的。一些社会习俗的存在客观上达到了控制生育的目的，例如，过去仫佬人对婚前性行为十分憎恶，在族规中就有严禁未婚男女发生性关系的规定，有越轨者，罚其杀猪请全村人吃酒席，如有未婚先孕者，须请道公做法事“遣村”。

仫佬族传统观念认为，多一个儿女多一份福气，婚后没有生育儿女是对列祖列宗的不孝和不敬。生儿育女、传宗接代是仫佬族组建家庭的直接目的。结婚多年未生育孩子的家庭，通常会受到歧视。因而，仫佬族夫妇中几乎没有人会选择不生孩子，即使是因生理原因未能生育，也会去领养一两个孩子。由于传宗接代观念比较强烈，婚后不育是导致不少夫妇离婚的重要原因之一。在计划生育政策实施之前，不限制生育，大多数夫妻都生育 3～5 个孩子，有的甚至生育 7～8 个孩子。即便在今天，“无后不孝”的传统观念在仫佬人中仍然比较普遍。20 世纪 80 年代末期以后，政府在开展计划生育宣传工作中成功地将全新的生育理念推广到了群众中，仫佬人逐渐接受了优生优育的生育理念，多数夫妻都自觉遵守计划生育政策，每对夫妇基本上都遵从政策规定，只生育两个孩子，政策外生育已不多见，“多子多福”的观念逐渐有了改变。

在儿女性别的选择上，传统的仫佬族对儿女性别的选择往往首选男孩。这与其传统观念及社会现实密切相关。传统上仫佬族有男尊女卑的观念，认为男权高于女权，父亲和丈夫是家庭的主宰，对家庭财产拥有所有权和支配权，男子具有传宗接代的义务和功能，而女子只是家庭的劳动力和繁衍后代的载体。其次，仫佬族地区自然和社会现实也促使人们偏向生男孩。仫佬族生活在广西西北部山区，自然条件艰苦，以农业为主的传统手工劳动促使家庭追求男性强劳力，儿子的数量往往也是一个家庭财富和实力的象征。为了满足家庭生产和生活对劳动力的需求，人们更愿意生男孩。另外，仫佬族有“养儿防老，积谷防饥”的古训，至今一直保留着家庭养老的传统。

第二节 生的礼赞

一、孕产习俗

孕期习俗。仫佬族妇女一旦怀孕，便会将这一天大的喜讯告知自己的母亲和家婆，一家人随即欢天喜地忙开了，未来的外婆用五彩丝线绣背带，做好的背带上缀满了花、鸟、虫、草等美丽吉祥的图案。家婆则备酒肉祭祀“婆王”，求母子孕期平安。仫佬族民间对妇女怀孕期间有各种各样的禁忌，以避免不吉事情的发生。如怀孕期间，妇女一般不回娘家，怕路途中犯忌；孕妇不能摸新娘的衣服，否则孕妇本人会犯六甲、难产，新娘也会与丈夫不和；家中有孕妇不得打钉、挖煤炉、打锤子，孕妇床不得乱搬动；孕妇丈夫铺床另睡，别的男子忌进入孕妇居室。此外，买小猪不能让孕妇看见，怕猪不好养活、长得慢；男人身上的伤口也不能让孕妇看见，怕伤势不好。

传统仫佬族妇女担负着繁重的劳动，有的在临产前一天还不休息，因此在生育第三、第四胎时，往往因难产等原因导致婴儿死去或母子双亡，即使婴儿侥幸存活，体质也很弱，较强的不到40%，通常要背在母亲的背上长大。现在妇女怀孕一般都会得到家人的悉心照顾，怀孕前期，孕妇通常还做一些农活，后期只在家中做一些轻的家务活。

妇女怀孕期间，因怕临盆时难产，或怕婴儿长不大，往往要请先生算命，看自己有那几“关”不好过，便请鬼师来做法事，求神禳鬼，使它不致作怪，保佑产妇生产顺利，保佑小孩平安长大。

产育习俗。过去产妇生孩子一般由婆婆、嫂嫂或邻居老妇人接生，甚至由产妇本人接生，在难产等特殊情况下，才请接生娘。接生娘到产房助产，备热水、剪刀、棉线等物，产后剪脐带，扎好肚脐眼，并给初生婴儿洗浴。传统仫佬人缺乏卫生常识，接生方法既不科学，也不卫生。剪脐带用的剪刀不经消毒，有的甚至生了锈，婴儿很容易受到病菌感染。现在大多数仫佬族孕妇选择到医院生产。

过去，仫佬族妇女分娩被认为是污秽之事，男子不得进入产房，唯恐被人笑话或沾上“秽气”。

孩子生下地，用剪刀剪断脐带，然后捧在盆里用热水洗净包好，悉心呵护。如果生的是男孩，洗浴后用父亲的衣服包裹，在临盆水里放一支笔，寓意将来文笔超人，聪明伶俐；如果生的是女孩，就在盆里放些丝线，寓意心灵手巧，洗浴后用母亲的衣服包裹。包裹婴儿所用的衣服必须是旧衣服，寓孩子将来像父母一样勤俭节约，持家有度。孩子生下来后，胎衣不能丢弃，须用一小罐装起，埋在一墙角地下，寓落地生根，健康成长，所剪下的脐带也必须妥善收藏，不论生几个孩子，都把脐带收藏在一起，认为这样做将来孩子就会团结，不会吵架闹矛盾。

产妇要过三朝才能进厅堂，满月后母子才能出门；女人坐月子，男人不能进产妇睡房；现在这些禁忌已逐渐淡化了。

家里有产妇坐月子，门外要挂柚树叶作标志。柚树叶的作用，一是妇女产育的标志，宣告该家添丁了；二是辟邪物，防止鬼神和其他不洁物入内；三是告诫生人或命硬的人不要靠近，否则会受惩罚，以此求吉驱邪，保佑母子平安。

孩子满月后，母亲要打伞背着孩子到田间转悠，谓“游田峒”。背孩子的背带里还塞有书本，预祝孩子长大后勤劳好学，才智超群。而后，背孩子到集市上去买葱买蒜，期望孩子长大后聪明能干，能说会算。最后，母亲背孩子到外婆家与外婆、舅舅、舅妈等“见面”。

产妇满月后才参加劳动，但过去只有少数家境富裕的人家才能做得到，多数人不满月即上山、下地劳动，劳力太少的，妇女产后三天甚至一天便参加劳动了。产妇走娘家回来后，才能到别人家去，否则怕身体不洁，引起人畜不安。

二、抚育习俗

（一）抚育

仫佬族对婴儿的抚育非常重视。婴儿出生后，当日要告知外婆，外婆、舅娘、姨娘等随即携带礼物前来探望贺喜。所带礼物一般为猪肉、鸡、鸡蛋、甜酒、红糖生姜等物。外婆要在外甥身旁待满三日，第三日与亲家母、接生婆共进喜宴后才返回。

婴儿出生后三日内，要穿短袖衣襟，还要用白线系在手臂上，认为这样孩子长大后才不多手多脚、不偷盗别人东西；孩子要穿白衣襟，用黑棉线搓成绳扣，认为这样穿戴，孩子将来勤俭持家，黑白分明，孩子记忆好，头脑聪明。

婴儿满三日时，要办“三朝酒”招待外婆和邻里姑嫂等人。蒸糯米饭、煮鸡蛋，都用花红粉染红，并在产妇卧室门外杀一只鸡供祭“婆王”，感谢“婆王”送子之恩。随后备办酒菜，进餐后送孩子的外婆回家。其后，外婆开始在家为外甥的满月酒准备礼物。

孩子满三日后，家婆便去找算命先生登记孩子的生辰八字，抄在红纸上带回家。同时按八字给孩子算命，正式入户。孩子出生 15 天或 25 天后要剃头，太迟了怕长大不听话。剃头的日子要避开丁日，怕头

上生疖子。第一次给孩子剃头，要煮个红鸡蛋，象征剃头后脑袋滚圆标准，长得好看。产妇生孩子后要等孩子剃头后才能洗头。洗头后，产妇在逢第一次圩日时就背孩子去赶第一次圩。认为这样做可以使孩子长大后聪明伶俐，会算数，会做生意。赶圩回来后，就是母婴第一次串门。要去那一家，须预先告知对方，让对方有所准备，以便回赠红蛋等礼物。受访的人家会为被访而感到福气临门，乐于接受并热情接待。

婴儿未满月即带出门外“见天”（但不能进别人家里），太迟怕长大了怕羞，不敢见人。

孩子将满月时，要择日操办满月酒。在仫佬人眼里，满月酒是庆贺“万年香火”的一件大事。满月酒这天，外婆送来背带、布匹，外家姐妹每人送来一副“白米担”。男家亲友送来鸡、鸭、米、面等。诸位亲朋都来庆贺，为小孩举行“开斋”的仪式。吃过宴席之后，主家还煮糯米红糖姜甜酒给客人喝，为此，当地又把吃“满月酒”称为“吃姜酒”。晚上外家与婆家各为一方，唱歌对擂。

过去是只给男孩子做满月，现在许多人家也给女孩做满月，众亲戚还送孩子很多食物、衣服和首饰。

孩子满百日及满周岁时，主家一般只宴请外婆及房族长老或不请，杀鸡或煮鸡蛋祭祀祖先和“婆王”，一般不大操大办。仫佬族没有为小孩过生日的习惯。不过，头胎孩子满一岁那天，要做“对岁酒”。这天，外婆要送给孩子衣物和用品，如衣服、背带、银帽、银马、银手镯，鞋、被褥以及酒、鸡作礼物。主家回赠肉包、粽子等食品。

（二）取名

小孩取名时间无定期，但至少要在满月后。个别也有两三岁甚至上十岁才取名的，因为父母认为小孩的命贵，取名后怕鬼怪知道，不让他长大，留下姓名，使父母想起来伤心。一般对未取名的孩子，用

"X弟"或"X妹"称呼。也有的怕孩子长不大，故意取名"狗仔"。清代末年以前，男子多按班辈取名，后因识字的人太少，就索性随便取名了。

现在婴儿多是满百日后取名，取名的方式有以下几种：

其一，随父姓（入赘者随母姓），按族中班辈排列，第二个字按班辈取，第三个字由爷爷取，或由父亲取，或请人代取。

其二，暂取一个乳名，如吴小弟、吴老二等，到上学年龄时再按班辈取名。

其三，按命属取名，即根据五行相生相克之理，缺少哪"行"则在名字中补足，如属木命者缺水，则名字中的第三个字要取以三点水为偏旁部首的字为名。

其四，入赘者用双姓单名，一般不取单姓单名。

其五，除第二个字以班辈外，第三个字按兄弟姐妹的顺序入词语或入诗句取名。

（三）报丁

仫佬人还有报丁的习俗。每年春秋二社的前夜，凡是在年内生了儿子的人家，都联合起来备办猪头等三牲礼物供祭社王，目的是向社王报告家里添了人丁。二月、八月春秋社日要向社王报人丁。报丁只限报男孩，如果生了女孩则不用报丁。报丁时，主人点燃一炷香，插到社王偶像前，斟上三杯酒，供奉上祭品，口中唱着"婆王让我生贵子，我请社王保平安，孩儿成长续香火，祖业万代有人传"之类的歌，祭毕，施以"三跪九叩"大礼。认为这样就能以虔诚之心取得社王的护佑，孩子就可以除病消灾，健康成长。祭拜结束之后，由"冬头"向婆王报告每家每户的人口情况，感谢婆王的恩德。这一天，全族人一齐出动，抬猪牵牛到婆王庙前宰杀，大摆酒席，全族人聚餐，祈祝人丁兴旺。

罗城仫佬族自治县四把乡的仫佬族，则在清明节联宗祭祖时报丁。族内生育男孩的，必须于这天到宗祠内报丁，把名字登上报丁簿，并缴纳报丁费，作为购买香灯之用。宗祠主办清明祭奠的头人，则分给报丁者猪肉、豆腐、糯米饭、烧酒各四两，以示祝贺。报丁簿由头人保管。仫佬人对“报丁”非常重视，还制定了专门的族规，对添丁逾期不报者予以惩罚。如罗城四把乡新村谢姓族规规定，“凡族人生育男丁的，都须于清明节到宗祠内报丁，一年不报的，处罚铜钱一百文，二年不报的，处罚二百文，余类推”。①

（四）认恩娘

“亲娘不比恩娘大”，这是仫佬山乡流传的一句俗语。它反映了恩娘（即“契娘”）在日常民俗生活中的地位。民间认为，小孩虽然是从娘肚子里出来的，但是长大成人，还得依靠恩娘保佑，因而，认恩娘之风相当盛行。仫佬族凡生儿育女少或儿女病死多的，也认为自己“命苦”，神仙未保佑，要“认恩娘”，即认“契爷”、“契娘”。

认契爷、契娘有两种形式：一是认人为契。孩子出生后，经“野敬”推算，只要孩子的命相与要认的契爷、契娘的命不相克，即可认契。认了契爷、契娘，凡节日都要去拜访，还要去契爷、契娘那里吃“保命饭”、“长命饭”，祈望他们保佑孩子平安成长，并赐予多子多福。通常是男孩认契娘，女孩认契爷。契爷、契娘一般是夫妻双全者。如野敬认为应该认人为契又暂时找不着合适的人，可以先认物为契。属金命的，到田地中找来一块泥土，放在房里，权作子女的“填福”；属木命的，就找一小河、小溪或泉眼，充作水命来滋润木命；属水命的，找一块大石头充作“金”；属火命的找一棵大树充作“木”；属土命的找一丛灌木充作“火”。这样的拜认，须带上香纸和供品作供祭。被拜认契爷、契娘的人，往往都乐于接受。择定被拜认者后，孩子的父母

---

① 广西仫佬族社会历史调查．广西民族出版社，1985：199.

择定吉日，备办鸡鸭酒肉之礼，带孩子到契爷、契娘家拜认。受拜认的契爷、契娘除设宴招待外，还送一担糍粑（或粽子）和一些衣料给契儿或契女。从此以后常相往来探望，亲如一家。从此契儿与契爷、契娘的关系就一辈子维持下去。每逢大年初二，契爷、契娘要请契儿、契女到家中吃饭。契儿、契女年幼的，由父母携礼物带到契爷、契娘家拜年，契爷、契娘给"压岁钱"。年纪稍大的契儿、契女则自己带礼物前往看望契爷、契娘。契儿、契女成婚，契爷、契娘要备礼前往祝贺。结了婚的契儿、契女，则夫妻同往给契爷、契娘拜年。契爷、契娘过世，契儿、契女戴孝为契爷、契娘送终。一些小孩认的契爷、契娘，少的三四个，多的七八个，认为这样鬼神就不会捉弄了。

另一种是认大树或大石头为契爷、契娘。仫佬人认为自然界里万物都有灵，也可保佑有难孩子长大成人。有的孩子经常疾病缠身，于是家人就在村子附近找一棵大树或一块大石头作为孩子的契爷、契娘，并拿一张红纸贴在上面，然后摆上酒肉供祭，祭祀完毕后将一点酒、肉、饭撒在契物旁边，算是拜契完毕，此后逢年过节都要去供奉，直到契儿、契女长大成人、完婚、成家立业方停止。

（五）教育

仫佬族儿童的整个成长过程中所受的教育主要有家庭教育、社会教育和学校教育。家庭教育的内容主要有道德教育、礼仪教育以及生产生活知识的教育，一般以言传身教的方式进行。仫佬族孩子在年幼时主要由母亲哺育照顾，当孩子长到3～6岁开始懂事后，父母就有意培养他们的对错观念；长到7～8岁时，父母就告诉孩子为人处世、待人接物、伦理道德等道理，如主动跟人打招呼，对老人要尊敬，客人来了要热情招待，兄弟姐妹间要互相爱护、帮助；当孩子能做些力所能及的劳动时，父母即让孩子去做些割稻谷、耘田、插秧、砍柴、喂猪等农活和家务，培养他们勤快、肯干的习惯。孩子长大参加生产劳

动时，父母会手把手地教他们犁田、耙地、打石头、烧石灰、纺纱织布、染布、播种、插秧等技术性强的农活和家务。女儿临出嫁前母亲还要叮咛尊敬公婆、勤俭持家等为人媳、人妻的道理。

社会教育的内容从古到今，包罗万象，主要通过“走坡”对歌、节日道场等形式进行。如在八月“走坡节”中青年男女通过对唱“古条”歌，了解本民族的历史故事、神话传说，这些歌多由老一辈歌手耳传口授流传下来，如《唱罗城》叙述了罗城历史沿革、城墙庙宇建筑、开挖山塘水井、圩镇村庄、贡赋税征等；而“正口风”歌则多为劝人为善，尊老爱幼、勤俭持家、和睦邻里、孝顺父母、行善乐施等。又如“依饭节”所做的道场中，就有一节专门演唱“劝人为善”的“十劝歌”，通过唱歌教育人们：一要孝顺父母，二要尊敬师长，三要尊老爱幼，四要孝敬公婆，五要和睦邻里，六要忠诚老实，七要不偷不盗，八要不淫不赌，九要勤俭持家，十要爱党爱国。通过唱歌的形式，教育人们要有崇高的理想，高尚的道德，优良的品质。此外，青少年的性知识也多在社会教育中获得，如依饭节道场的最后一项内容“送圣”，即是对年轻小伙子进行性知识教育，其内容主要是叙述人类社会男女婚嫁，生育后代等。此时，妇女和孩子均须回避，只有男人和青年小伙子在场听讲。女青年的性知识也多在婚庆、劳动等场合中，从一些年龄比自己大的妇女那里获得。

到了上学的年龄，父母亲把儿女送进学校让他们接受学校教育。仫佬族地区的学校教育起步较晚，发展缓慢。新中国成立前，大部分仫佬人没有接受学校教育的机会，仫佬族聚居的罗城县90%以上的人是文盲，学校教育在儿童社会化过程中的作用不是很大。新中国成立后，仫佬人的文化素质有了很大提高，到20世纪末，九年义务教育基本普及，仫佬族适龄儿童基本都能入学，学校教育在仫佬族儿童社会化过程中的作用进一步增强。

第三节　殿堂之美

一、独特的择偶风俗

仫佬人同姓不婚，但同姓不同“冬”的一般都可以结婚。房族内通婚被认为是“乱伦”，为族规所不容。对与外族通婚无限制，与壮、汉、苗、瑶等族均有通婚，但因居地与壮、汉接近，距苗、瑶很远，因此与壮、汉通婚的较多，与苗、瑶通婚较少。早期的仫佬族婚姻曾经有女方“以货求男”的现象，这种习俗是因为历史上有段时期仫佬族处于女多男少的状况，性别比例的失调造成了女方家要送给男方家丰厚的财礼，否则难以出嫁。后来出现了“会亲”现象，它改变了女求男的习惯而变成了男求女。

仫佬族青年历来恋爱自由。青年男女除节日、集会、婚礼歌堂和赶圩时的交往相识之外，主要的恋爱方式就是在“走坡”中传歌互答交友。“走坡”的季节主要是春节、阳春三月和金秋八月，以春节和八月十五中秋节为最隆重。每逢节日坡会，姑娘和小伙子们便身穿节日盛装，三三两两结伙做伴，在人群中穿插寻觅，一旦物色到意中人，便相邀到风景优美的草坪、坡地、岩脚等处盘歌对唱，以歌代言，以歌传情，以歌为媒。初始时，一般是二人二声部对唱，男女双方都会邀请一位伙伴陪同前往，以便对歌时做伴、出主意。经过多次二人二声部对唱之后，才发展到有情意的男女双方单独对唱。若双方情投意合，便互赠礼物，结交“同年”（情人），最后托媒人通报家长，如果家长同意，即可确定婚期成亲。

在1949年以前，仫佬族青年男女恋爱可以自由，但婚姻不能自主，婚姻的成立全凭父母之命，媒妁之言，通过“走坡”相识恋爱结

婚的不多。仫佬族地区过去盛行父母包办的早婚，通常男子婚龄在十岁左右，女子在十四五岁，妻子常比丈夫大3～5岁。子女达到婚龄，父母即替他们物色配偶，遣媒议婚。

新中国成立后，新《婚姻法》实施，仫佬族青年男女自主择偶，恋爱自由。许多在“走坡”中认识、恋爱、定情的仫佬族男女青年终成眷属，包办婚姻基本消失。在20世纪80年代中期之前，青年男女在“走坡”、赶圩、婚礼歌堂、依饭节等活动中对唱山歌择偶的习俗仍然十分盛行。他们以歌为媒，以歌传情，相互满意之后互赠信物，结为“同年”。当然，定下终身之前也要通报家长，象征性地找一位媒人，以便顺利完成婚礼程序。

2000年以后，由于大量青年男女外出求学、打工，以“走坡”对歌等传统方式择偶的青年大为减少。

二、别样的婚礼

仫佬族婚礼，是仫佬族人民在历史长河进程中形成的一种民族习俗，有着上千年的历史。在当地，结婚成家是人生中一件重要的事情，因此，婚礼庆典择日，必须要请地理风水先生来推算吉日，不能随便选一个日子成婚。婚礼一般选择在秋后至春节前举行。仫佬族婚礼颇具民族特色，但礼仪繁多，耗费极大。男方要在婚礼期间送“财礼”，女方在生育第一个孩子后才送“嫁妆”，婚礼期间双方各自设宴迎宾。目前传统婚俗在农村地区仍有深远影响。婚礼举行前，双方家长至少需要做一个月的准备工作，直到新娘“回门”后婚礼才算结束。来参加婚礼的宾客，少则一二百人，多则上千人，场面隆重，热闹非凡。

仫佬族婚姻礼仪繁杂，一般要经过说亲或走坡、合命、相亲、看屋、会亲、回六合（下订礼）、过礼、开染、开剪、迎亲、送亲、进门、拜堂、对歌、回门等程序。其中，迎亲成婚是婚礼的主题。婚礼头天，男方家就开始杀猪宰羊，祭拜祖先。婚庆当日，开灶摆席，款待嘉宾。摆放在香火台下的米箩担，由外家挑来，上面放有一条自染蓝靛土布，这种蓝靛土布今天已不多见，多已被机织布料或毛毯等所取代。宾客带来的贺礼，过去为铜钱、银币，今天为内装人民币的红包。婚礼中，最吸引人的当数接亲或送亲。接亲、送亲中最精彩的，当数"拦门"、"闹堂"、"送嫁十姐妹"等情节。2012 年，"仫佬族婚俗"列入第四批广西壮族自治区级非物质文化遗产代表性项目名录。

（一）说亲

男家相中某一女子，或男女青年通过"走坡"结为"同年"并通报家长后，男方家长便请媒人前往女家询问，如果女方父母同意结这门亲，媒人即把女方的生辰八字带给男方父母，男方父母收到八字后，先将女子八字压在香炉下三、六、九日，在此期间如果不发生鸡乱叫、打烂器具等意外事情，即可请算命先生算命"合八字"。如果男女双方八字相合，即可订婚。否则男方退还八字，亲事即就此告吹。①

（二）回六合

双方命相相合，男方留下八字，送两斤猪肉到女家，称为"暖婚"，随后媒人与双方商定，男方带上猪肉八斤，阉鸡一对，酒两壶、财礼钱若干前往女方家订婚。有的地方男家留下女方八字后，请媒人送三斤猪肉到女家报信，称为"回六合"，算是完成了订婚的程序了。订婚后，由算命先生择黄道吉日作为婚期，然后另择吉日上街为女方购衣料缝制新衣。②

（三）解礼

订婚后，男方委托媒人到女方家商议财礼数目，称"发媒"。婚前一个月，男方必须"解礼"，即派媒人带四斤猪肉和半数财礼银以及所

---

① 广西壮族自治区编写组．广西仫佬族社会历史调查．广西民族出版社，1985：89.

② 广西壮族自治区编写组．广西仫佬族社会历史调查．广西民族出版社，1985：89.

择各项吉日（新娘嫁妆布料的开染日、开剪日、迎亲日等）通知女家。有的地方于婚礼前 20 天，将全部财礼银送去女家，称为“过礼”。富裕人家如果备有嫁妆，男方另加猪肉 100 斤。如果是“重饭”的嫁娶（即姑侄共嫁一家），男方还须备小猪一头送给女家祭祖。①

财礼的数目随着时代的变化而变化，1900 年为银毫 50 元左右，20 世纪 30 年代为 100 元，40 年代为 3000 斤谷子。② 20 世纪七八十年代为彩礼 60 元，6 套衣服，60 斤米，60 斤猪肉。21 世纪以后，婚嫁的彩礼和嫁妆已翻了 10 倍，达五六千元。近两年，仫佬族青年结婚，财礼钱大都超过 1 万元，而且嫁妆也由以前的衣服、米、猪肉，变成冰箱、洗衣机、摩托车等。

（四）接亲

接亲仪式各地略有不同，有的地方接亲日定在结婚日的前一天。接亲当天，男方请房族和亲戚 6～10 人，随同媒人带着许多封包和财礼（含猪肉、酒米、银元、金银首饰）以及“山盟”（茶叶）、“海誓”（盐巴）、“天圆”（槟榔）、“盼金”（装纸票）等象征物前往女家。接亲客中年长者 1～2 人，“人姑”（年轻女子）1～2 人，年轻歌手 2 人，挑财礼和接亲礼者 2 人。一路上，“人姑”走在

清末仫佬族花轿

① 广西壮族自治区编写组．广西仫佬族社会历史调查．广西民族出版社，1985：251.

② 罗日泽、过伟、过竹著，仫佬族风俗志．中央民族学院出版社，1993：68.

前，其他人和红娘走在后，次序不能搞乱。男方接亲队伍到达女方家后，女家设酒宴款待，并请房族、姻亲、送亲客作陪。酒宴后，女家挑选男女二位青年歌手，陪伴接亲队伍中的男女二位歌手开设两处"歌堂"，聚集村中的青年男女作陪，男客女陪，女客男陪，一唱一和，直至天明。歌词的内容丰富多彩，主要的是互相奉承歌、古条歌（即故事歌）、相互诘难的盘歌。也有的地方女家不设歌堂。第二天新娘送到男方家，婚礼举行。男方家举行盛宴招待女方送嫁者及亲友。

接亲的当天，许多地方都有设"歌卡"的习俗。男方一行接亲队伍行至女方村外时，女方村寨的青年男女在村口用犁耙、鸡鸭笼、条凳、竹竿等设卡"拦门"，"门"前摆几排凳子及茶水，"门"后坐着女方邀请来送亲的姐妹，迎亲队伍到来时，先招呼其坐下休息，喝茶。然后送亲姑娘唱"拦门歌"，接亲客接唱"拆门歌"，接着对唱"盘歌"、"猜字歌"、"散歌"。经过几番对唱，如果接亲客能够逐一回答，拆了门，即可进村，不然的话就要一直问答下去，直到晚餐时分，女方派一位长者出来打圆场，唱"和解歌"才能进村。同样，女方送亲队伍到男家村寨也要答出问歌才能进新郎的村子。有时从早一直唱到晚，围观看热闹的人挤得水泄不通。最后若答不上来，那就自问自答，如果是姑娘们赢了，后生们便拆掉歌卡放行。不然也要由家长出面唱"和解歌"，宣告"拦门歌"结束。在长时间的对歌中，主人要给客人提供好吃好喝的食品，以保证对歌时精力旺盛，情绪饱满。这一习俗目前在一些边远山区还有残存。①

（五）别礼

仫佬族姑娘出嫁前一天，要举行庄重的"别礼"。"别礼"又叫"孝礼"，活动分为扫堂、铺席、安台、引席、孝拜等步骤。

---

① 广西壮族自治区编写组．广西仫佬族社会历史调查．广西民族出版社，1985：251～252.

1. 扫堂。由两名十七八岁穿着新衣的姑娘，每人各持一把新扫把，从堂屋屏风下的墙角两边开始扫，自里向外扫干净堂屋。

2. 铺席。两名三十多岁穿着新衣的中年妇女（大都是新娘的嫂辈），从新娘的闺房里拿出一张新席子，每人扯住一头，铺在堂屋的正中央，再各抱一床新被子，被面朝外，每床被子均叠四层，靠在一起摆放在席子的中央。

3. 安台。两名中年男子（通常为新娘的兄辈）抬出一张洗净的小方桌，摆放在席子的旁边，背靠屏风，桌子上放置烛台两个，每个烛台置一支红烛。桌子背后放两张椅子。

4. 引席。一名穿着新衣、眉宇谦和、聪慧知礼的小伙子，双手各持一支泡过油之后点燃的纸捻交叉放在胸前，称为“引席人”，小伙子先站在礼台前深鞠一躬，之后进入新娘的闺房，向新娘行礼，请新娘出门。新娘由两个伴娘左右搀扶着走向房门，在门前停下。这时“引席人”再次向其鞠躬行礼，引新娘和众姐妹走出闺房。到了礼台前，新娘站在屏风下的椅子前，引席人将红烛点燃，新娘脱鞋站到席子上。

5. 孝拜。司仪宣布别礼开始后，新娘的公、奶（爷爷奶奶）满面笑容地坐到礼台前的椅子上，随着司仪的一声“孝拜!”新娘跪在被子上，双手作揖，低头行拜礼，嘴里说着“感谢公奶爱抚之恩、祝老人健康长寿!”之类的话。公、奶点头答礼，叮嘱孙女日后贤良，孝敬夫家长辈，并赠予孙女礼品和封包。司仪宣布孝礼毕，新娘起立，公奶离座。接着，父母、外公外婆、舅爷舅娘等亲戚长辈依次受拜。拜礼十分虔诚，情饱腔肠。①

关于仫佬族姑娘出嫁前行拜礼习俗的由来，有故事说：从前有一位叫吴格佬的人，养了 10 个女儿，从小就教导她们通情达理，女儿出嫁的时候，他在堂屋里再次嘱咐女儿，到了婆家之后要敬重长老，爱

① 广西壮族自治区编写组．广西仫佬族社会历史调查．广西民族出版社，1985：251～254.

抚幼弱，睦和邻里，谦恭妯娌。女儿感谢父母的养育之恩，教诲之德，双膝跪下，作揖拜谢。吴格佬的10个女儿到了婆家之后个个孝德贤良，名声传到百里之外。后来，10位亲家感谢吴格佬养育了好女儿，合做一块“贤良之家”的红匾送来。后来，许多仫佬人家都效仿吴格佬教导女儿，久而久之，就形成了“别礼”之俗。①

（六）交亲

新娘离家之前，接亲客把带来的猪肉、红蛋、盐、茶、酒、槟榔等，分盛六碗、六杯、六盏，摆在托盘里，陈列在女家的香火堂前，祭女家祖先，举行“交亲”仪式。做法是：女家送亲客一人和男家接亲客一人在陈列祭品的案前，将一套关于婚姻嫁娶的例话，互相问答诘难。如果接亲客能逐一回答送亲客的话，才能进行“折蔗”仪式。即把一小截约4寸长的甘蔗，事先削去外皮并修成方形，中间用刀切一刀痕使之易于折断，双方各持一端，折断后各吃一段，象征女家把女方交给了男方，从此双方成为甜蜜的亲戚关系了。然后，接亲客又请新娘的舅爷（即舅舅）“交亲”，双方对答，同样也要“折蔗”。待婚姻嫁娶的例话讲完，舅爷从袖中掏出一对银镯，在接受对方敬酒取酒杯饮酒时放入托盘，民间称为“放羊”，一说是以银镯代替羊，一说是放外甥女嫁往郎家。然后折蔗分吃，整个交亲仪式结束。

（七）送亲

“交亲”仪式结束之后，新娘由其哥、叔或姐、姑、嫂从楼上背下来，先到香火龛前拜辞祖先后哭着出门，表示舍不得离开父母和感谢父母的养育之恩。这时，送亲客中一位提红袋的妇女，先打开伞守候于门外，新娘一出门便交给新娘自己撑伞，新娘到新郎家之前不能露头顶。后由接亲的妇女们引导前行。女家派出的送亲队伍有五六十人

---

① 罗日泽、过伟、过竹著．仫佬族风俗志．中央民族学院出版社，1993：71～73.

至一百五六十人。一路上，由房族内一位中年妇女提一个内装白米的青布袋，遇上过桥、岔路、隘口，就向路旁撒一些白米，寓意新娘不忘娘家，日后回门有记号，不迷路。新娘这一天穿着自种、自纺、自织、自染绣制的黑色土布“送嫁衣”，衣领、衣脚、衣袖口都绣有精致花纹，据说穿上这种衣服出嫁就不会忘记民族本色。

送嫁鼓

送亲方式各地略有差别，最有趣的是“送嫁十姊妹”。新娘过门前一个月，同村寨的同辈姑娘自愿组成十人傧相，到未婚新娘家做姐妹，与新娘日夜相伴，帮新娘做新鞋，缝嫁衣，备妆奁。成亲的那天，十姐妹与新娘打扮得一模一样，穿相同的“情人鞋”、“送嫁衣”，撑同样的“姐妹伞”，剪同样的发型，扎同样的辫子，甚至连举止姿态都相近相似。若非亲友，真不知谁是新娘，谁是傧相。到了新郎家，十一个姑娘一起登堂入室，热闹非凡。

仫佬族的婚礼上，新娘在过门这一天要穿三双新鞋，此谓“三双过门鞋”，穿鞋的场合十分讲究。过门这天早上，新娘在闺房里穿上一双新的白底布鞋，由家中兄长背出家门，众位送亲姐妹陪同前往男家。到了新郎家的村头，送亲的队伍便停了下来，新娘的一位至亲姐妹从挂包里取出一双白底新布鞋，把新娘脚上的那双布鞋换下来。到了新郎家的大门前，队伍又停下，新娘的至亲姐妹又取出一双新的白底布鞋让新娘换上。民间认为，这样连换几次鞋，标明姑娘从降生到今天入夫家，清白无瑕，心地洁净。

（八）入门

新娘入门的礼仪复杂而讲究。新娘进门前，男家先在堂屋大门边平放米筛一个，上置镜子一面、尺子一把、扁担一根、新郎的新鞋一双。筛子象征慧眼千只，洞察一切，避恶扬善，正直为人；镜子象征前途光明，一切见不得光的妖魔鬼怪统统退避，家庭平安兴旺；尺子、扁担象征"男以女为室（尺），女以男为家"的古训，辛勤耕织，俭朴持家，同建幸福家庭；新郎鞋象征遵"出嫁从夫"的"礼教"、"妇道"，夫妻和睦相处，永偕百年之好。新娘进门时，由伴娘将雨伞在新娘头上开合三次，象征今后受祖宗荫庇，生男育女顺利，免遭"横生倒产"。接着男方的亲友送饭和糖给新娘吃，以示日后不愁吃穿，生活甜美。新娘由一位伴娘搀扶，跨过门槛，不得碰触，意为"大门大槛，大吉大利"。过去，新娘到达夫家后，要用黑布将新娘的头蒙起来进入洞房。"黑布蒙头"的迎亲习俗，使新娘感到憋闷难受，引起了人们的不满，后来这种习俗逐渐消失。

（九）闹堂

迎亲当晚夫妻不同宿，洞房不铺床，只摆一张方桌，几张条凳，桌上放一盘白米，中央点一盏灯，新娘和伴娘坐在房内，新郎和伴郎坐在堂屋互相对歌，通宵达旦。对歌时，男方先唱"入门歌"做引子，次唱"祝贺歌"，再唱"邀请歌"、"劝唱歌"。经多次邀请、劝唱后，女方才接歌对唱。对歌内容十分丰富，有"拆字歌"、"猜谜歌"、"古条歌"、"口风"等，一唱一和，一问一答，高潮时，喝彩声、欢笑声响成一片，成了青年人显露才华的极好场所。直到天亮后，才唱"散坛歌"宣告对歌结束。①

（十）敬茶与回门

举行结婚典礼后的次日，要举行一次茶会，称"斟茶"，新娘向男

① 罗城仫佬族自治县县志办编．罗城少数民族风情志（内部资料）．2004：19～20.

方父母及长辈亲属敬茶，每位亲属喝完茶后把一些钱放在茶盘内送给新娘。敬茶之后，送嫁者返回娘家，新娘在送嫁姐妹回娘家的次日“回门”，早上回娘家一转，晚上返回夫家。第四日，新娘就开始回娘家长住，直到二月或八月社，新郎才能派人迎接新媳妇回来住上几天，此后逢年过节或农忙，再回来住几天，直到怀孕才常住夫家。现在一般婚礼后 3 天即可回夫家长住。

三、古老的婚俗

（一）会亲

“会亲”相传是仫佬族古老的婚娶方式，现在已经消失。媒人穿针引线之后，如果双方同意结亲联姻，男方便挑一担酒肉放在十字路口，然后避开。女方和她的父母、亲友前往这里吃一餐，剩下的全部带走。第二天，女方家回赠同样的一担酒肉在路口，男方和他的父母、亲友也来取食，这就是“会亲”。“会亲”是整个娶亲仪式的第一步，完全由媒人主持，双方均不见面。娶亲之日，男方派两位漂亮的少女随媒人前去迎亲。新娘由数十名女伴随行，每人一把油纸伞，一路将新娘遮蔽，不让路人看见。至新郎家时，用黑布蒙头进入洞房，新娘从娘家出来到入洞房，不能见人，不能望天。当晚伴娘与男家宾客竞唱山歌，以赌胜负，直到次日天明。“黑布蒙头”是娶亲时必须做的一件事情。这种风习今已消失，只保存在老人们的记忆中。[①]

（二）走媳妇路

“走媳妇路”俗称“不落夫家”，过去仫佬族女子婚后一段时间仍然长住娘家，待怀孕即将生育时才到夫家长住。此习俗在仫佬山乡甚为普遍，且有其独特之处。历史上，仫佬族青年大都受“父母之命，

---

① 罗日泽，过伟，过竹著．仫佬族风俗志．中央民族学院出版社，1993：70～71.

媒妁之言"的封建包办婚姻所束缚，即使是在"走坡"中自由恋爱的，也须双方父母同意才可结合。由于存在父母包办婚姻，仫佬地区早婚现象较多，女子年纪轻轻就为人妻，一时承受不了家庭生产、生活重担，更不懂"家规礼仪"，加之包办婚姻感情尚未建立，因此结婚后新娘大都留娘家一段时间，帮助生产劳动，服侍父母，农忙和节日才回夫家住几天。如第一年到插田、打谷时回一次，每次只住一夜；次日天亮之前必须离去，不让该村人看见，给人留下"清白"的印象。第二年，每逢农事季节都可回夫家一次，每次住两晚；第三年就没有这些硬性规定了。这样来往三五年，有些甚至七八年，待到女方怀孕生孩子后才能常住夫家。姑娘从新婚到生孩子这段时间，来往于娘家与婆家之间，历史上称之为"不落夫家"习俗，也叫"走媳妇路"。

在"走媳妇路"这段时间里，新娘还不算婆家人，每次到夫家居住只能独自在灶房里吃饭，要孝敬公婆，顺从丈夫，照顾弟妹，早晚打洗脸洗脚水，洗衣做饭，还经常得不到好脸色。据说这是为了考验新娘的人品和人格。新中国成立后，这种习俗已有改变，但在边远山区仍然盛行。①

（三）入赘与招郎上门

仫佬族婚姻习惯中还有入赘之俗。男子入赘通常是出于三个方面的原因：一是男方家贫，无钱娶妻；二是女家无男丁，留女在家招婿入赘以承香火；三是儿子亡故，留媳妇招婿上门。但招婿上门仅限于没有子嗣的家庭或丧夫的儿媳妇，一般有儿子的家庭，女儿是不能招郎上门的。仫佬族各姓大都是男子出外上门，女子很少招郎，并且"红花女"一概不招郎上门，只有寡妇、离婚妇才招郎上门，而且限制又很多。招婿上门有两种情况：一是男方出钱办婚事，不收女方财礼，婚后可享有当家作主的权利，是外姓人也无须改姓，若与女方家人合不来，可携妻带子

---

① 《罗城仫佬族自治县概况》编写组．罗城仫佬族自治县概况．民族出版社，2009：14.

回自己的家。另一种是男子接收女家财礼，婚事由女方操办，赘郎属外姓者需改随女方姓，在家中不能当家作主，没有什么地位。婚后若为女方家人所厌恶，女方可以随时撵走另招他人为婿。

仫佬族称入赘为“扛楼梯”，入赘俗仪别具特色。当新郎起程去女方家时，要从自家“香火”堂上的香炉中取三支香，一手拿香一手提灯笼，由伴郎陪同，半夜前往女家。进入女家大门后，扛个楼梯架在女家香火台前，爬上梯子点燃香，和女家事先点燃的三炷香合插在女家香炉上，表示两家合为一体，今后香火不断，然后扛走楼梯，故仫佬族常以“扛楼梯”作为入赘的代名词。之后，伴郎伴娘双方对歌，直至天亮。第二天早餐后送走伴郎伴娘，婚礼宣告结束。从此赘郎即成为女方家庭中的一员，女方家的弟妹均称赘郎为哥哥，不能称为姐夫，成婚 3～9 天后，赘郎方可回门小住几天。①

（四）离婚与再嫁

1949 年以前，仫佬族男子提出离婚比较容易，而女子离婚则较为困难，且伴有许多苛刻的条件。离婚的原因，一是由于父母包办的婚姻缺乏感情基础；二是富家女子碰上夫家遇灾祸时，通常会提出离婚。离婚的程序主要是“请老”，即请村上德高望重的老人来评定夫妻双方的对错。如果老人判男方理亏而女方再嫁时，其再嫁所得财礼归女方所有；如果判女方理亏，男方有资格领受其再嫁所得财礼的一部分或全部，如果女方事先给男方一笔“赎身费”，那么男方就无权过问其再嫁所得的财礼，如果女方不愿意离婚而男方一定要离，必须给女方赔付“垫脚钱”。离婚时，丈夫必须立下字据，并按下手印为凭。而且这一程序必须在远离村子的地方办理，否则被认为不吉。

仫佬族把离婚称为“休婚”，过去仫佬人最厌恶离婚妇，称为“生遗婆”或“生离”、“生休”，社会对离婚的妇女极为歧视。离婚后的妇

---

① 罗城仫佬族自治县县志办编．罗城少数民族风情志（内部资料）．2004：20．

女不能直接返回娘家，而必须先“下岩”，即在娘家村子附近的岩洞或草寮里住上一个月之后，才能回到娘家。

再嫁又分离婚再嫁和寡妇再嫁两种。离婚再嫁时，必须要在出嫁前住到屯外未供香火的岩洞或草寮里。在前往夫家途中，不许靠近其他村子或从其他村子中穿过，否则该村牲畜会遭瘟病；出嫁后一个月内不许到别人家走动，不然会使娘家衰败；过桥时要向河里掷两枚铜钱，否则桥会崩塌。如果再嫁妇的“命”不好，再嫁那天不能在男家正房住，要在侧房住一天一夜后才能住正房，婚后4个月才能回娘家。

离婚再嫁的财礼由新夫与娘家或前夫商定。再嫁的婚礼除了不需“回六合”外，其余程序与初婚基本相同。只是送亲和接亲的人数较少，且都是中年有子的妇女，年轻的未婚姑娘是万万不许参加的。

结婚一个月后要备办猪肉回娘家祭祖，并赠送兄弟、叔伯，称为“过月”，娘家回赠一担米。也有的40天后才能“回门”走娘家，娘家只招待一餐中午饭。

寡妇在丈夫死后半年左右即可再嫁，婚礼通常在天未亮时举行，嫁前一般不用“下岩”。有的地方寡妇再嫁必须征得本宗房族的同意，不得带走改嫁所得的财礼及原夫家的财物。寡妇的财礼称为“身价钱”。寡妇招赘的，必须赡养前夫的父母，抚养和前夫所生的子女，赘婿不改姓，其子孙分承两家香火。①

第四节　隆重的葬礼

历史上仫佬族习惯实行土葬，丧葬仪式相当隆重，并请道师来“打斋”、“超度亡灵”，丧葬仪式的全过程充满了佛教、道教诸教“阴阳两界”、“生死轮回”的宗教仪式，主要仪式有：买水、装身、入殓、

---

① 广西壮族自治区编写组．广西仫佬族社会历史调查．广西民族出版社，1985：251～253.

报丧、打斋、出殡、安葬、安灵、上新坟等。如果是非正常死亡者，如缢死、溺死及其他凶死者，除上述葬仪外，还要举行“过火炼”等仪式，认为这样做，死者亡灵才能入祖归宗。

一、买水

家中老人病重濒临断气时，亲人们都围在其身边守候。老人一断气，由孝子一人披麻戴孝到有活水流动的河、渠、泉边，烧上一炷香，投入一枚硬币，取回半桶水，俗称“买水”。然后将水加热，用新毛巾为死者擦身，前身三帕，后身三帕，俗称“沐浴”。死者若为男性，还要用新剃刀为其剃头，也是前后各剃 3 刀，寓意是让死者一身洁净，亡灵舒适地安息。

二、装身

沐浴后，为死者穿上事先备好的寿衣、寿裤、寿袜、寿鞋，戴上寿帽。寿衣的数量也有讲究，老年人去世时一般穿 5～7 件，中年去世者穿 3～5 件，均用单数。如果死者父母尚健在，寿鞋外还要套上一双新草鞋，表示死者在阴间还不忘将来父母归天时为他们戴孝。如果死者是女性，还要梳头，戴上头巾。将熟猪肉、白米饭和一枚硬币填入死者口中，俗称“含牙”，寓意着死者穿戴整齐地进入另一个世界，不缺吃穿，像生前一样幸福地生活。然后再把尸体抬到地下草席上，谓之“人死属土”，并在死者的头前烧香。

三、报丧

父母亡故当天，孝子须到舅父家报丧，并鸣放铁铳三响，讣告全村和邻村。去报丧时要着丧服，手持 3 炷香到外舅家后，跪在门外，哭诉父母的死因，逝去时辰，外家人闻讯后，出来将其扶进家门。进门时，孝子要脱下孝服，而后才与外家商议有关办理丧事的事宜。之后，舅父等外家亲戚即准备祭品前往吊唁。舅家的祭品用猪头或全猪，视“打斋”的大小而定，“打斋”两宵（四天三夜）和一宵（三天两夜）的为“大斋”，舅家须备全猪为祭礼；“打斋”一夜的为“小斋”舅家只须备猪头一个为祭礼。

父母去世数日内，儿子、儿媳不能进别人家。三日内，孝孙及儿媳须携猪肉一两斤，到舅家供祭祖先。舅家招待一餐，然后送一些白米给他们带回家，煮成饭分给全家大小吃。习惯认为，吃了舅家米饭，人才会健旺。否则，别人家遇有不吉利的事情，便要其请鬼师祓除。

四、入殓

老人去世后，要请阴阳先生来择定入殓、出殡和下葬的日子，并选择下葬地点。仫佬族传统的安葬方式是土葬，因此掩埋死者通常用木制棺柩做葬具。属高寿（60岁以上）的逝者，用红漆涂棺身；死者父母尚健在的，涂黑漆，棺柩前头翘起部分要割下；年龄未满40岁且属非正常死亡的，棺身涂桐油或不涂，棺柩大头翘起部分也同样要去掉。备好的棺柩按男左女右之序停放在厅堂一侧，先在棺底平铺一块白布，再移尸入棺仰放，用一块长约二尺的白布盖头。死者头垫用谷壳或草木灰做成的小枕头，头部两边用瓦片固定，使遗体安放时位居棺木中间线，这样才能既利死者，又利活人。死者头朝向棺材小的一方，脚朝棺木大的一头，称“脚踏莲花”，寓意“莲出污泥而不染”，一身清白干净，无愧于列祖列宗。入殓时，死者嫡亲每人将一件自己穿过的衣服去掉纽扣放在死者身边陪葬。房族及姻亲等，各以一块约一尺见方的白布覆盖在尸体上，然后盖棺。

五、守灵

入殓后，棺柩停放于厅堂一侧，两头用砖块垫起，不让沾地，下方正中点燃一盏油灯，称“千年灯”，棺柩头设灵位和香炉，点香烛，供一碗状如山峰，高出碗口的白糯米饭，上面交叉插着一双新筷子，上搁1只熟鸡蛋，俗称“千年饭”，出殡前，棺上桌前要灯火日夜长明、香烛不断，气氛庄严肃穆。停柩守灵的时间依家中经济条件而定，一般是2～3天，最多也不超过7天。

六、打斋

老人去世后，为超度亡灵，需请道公为死者做道场，即“打斋”。打斋有一周、二周、三周之分。做一天两夜道场，称“一周”，要在村头用竹竿竖起一条白布幡（俗称竖龙）；打两天三夜斋，称两周，所竖布幡为一白一黑。亲友可据村前所竖布幡的数量，来确定前往吊唁上香的时间。道公设神坛于灵堂中间，四面墙壁挂上十大冥王及其他神祇画像，将写有孝男孝女名字的纸贴在大门外右侧墙上，做法事的道公一般有3～4人，由一人穿法衣，打小钹，在灵堂内边舞边唱诵各种法经，如“千佛忏”等，其余的人敲锣打鼓奏钹击木鱼为其助兴。接踵而来的吊唁者在灵前燃香三炷，鞠躬致哀，并将燃香插在香炉里，死者亲属在一边还礼。来致哀者多带礼金前来，吊唁完毕，主家设白宴款待。打斋期间，丧家全家及内上房小辈，都要吃素，直到安葬完毕，道公为死者安放了灵位之后，才以祭肉一块、烧酒一杯为孝子“开斋”，以后方可吃荤。

过去，在“打斋”期间，同族亲戚都来丧家帮忙办丧事，“内六房”（同一个祖父三代内的近亲）全家大小都要来，“外六房”（同一祖父五代以内的亲属）每家也要来一两个人。这些来奔丧的房族，无须携带任何祭礼，丧家要尽最大能力供他们吃喝，直到下葬为止，否则就要受到社会舆论的谴责。一些房族户数多的，每餐都要招待8～10桌。此外，舅家送来的祭礼，如猪头、全猪、猪肘等，丧家非但不能收，在出殡之后，还要答谢舅家二斤猪肉，并按照舅家来吊唁的人数，每人"掂肉份"一份带回去，每份猪肉五六两。另外，还要招待前来吊唁的姻亲及其他亲友，出殡当天，有的丧家要办二三十桌酒席，一场丧事花费之巨大，可想而知。

现在，大办丧事之风有所收敛，但仍然花费不少。

七、出殡

做完打斋法事后，即可出殡。因墓地多选择在山上，故出殡又称为"上山"。出殡前，先请风水先生择"佳城吉地"。有条件的人家，还在出殡前一天做"游云梦"道场，模拟出殡仪式：由孝子提马灯，捧粮罐，抬竹椅做的轿一乘，上置死者灵位，其余孝男孝女列队簇拥由道公诵经作法护送到所选墓地不远处，然后返回，其意为正式出殡的"看路"。

出殡要择吉日吉时而行，届时将棺柩移至村外路旁举行"大祭"仪式，孝男孝女依次在棺柩前跪拜奠酒，有为死者饯行的意味。祭毕，道公绕棺作法事，用道尺在棺顶割1只小鸡鸡冠，并打破一只瓷碗，再高喊"起棺"，即可送葬上山。出殡队伍由一人手持"引路幡"作前导，道公身披袈裟，头顶法帽，手执法剑，在一群敲锣打鼓吹唢呐的徒弟簇拥下作法开道。长子手捧灵位和两个粮罐紧跟其后，粮罐内分别装有五谷种子、酒肉、糯米饭等，紧跟着的是举挽幛、抬棺柩的亲友。其余孝男孝女和送葬的亲友必手持行杖，哭泣送行。出殡队伍沿途撒纸钱，鸣放鞭炮，直至墓地。

宋代随葬的魂瓶

现代使用的粮罐

八、安葬

墓穴是按风水先生选好的“吉地佳城”事先掘好的。棺柩到达后，道公手举公鸡画符念咒语作法，而后咬死公鸡，将鸡血洒入墓穴，并在内等距离放置4枚硬币。棺柩入土时，将长子手中的两只粮罐分别放在棺柩两侧，称为“左仓右库”，即盛有五谷种子的粮罐放在棺柩的左侧，称为“左仓”，盛有糯米饭的粮罐置于右侧，称为“右库”，这些都是子孙和亲友送给死者的粮食。临埋土前，要在墓穴抛撒些许白米和硬币，以便驱邪祈福。下葬的日期、时辰，都要请风水先生选择。如果风水先生认为墓坑的方向及下葬的年月不利，便将棺柩停放待葬或先浅埋，等到吉利的年月，再下坑掩埋。埋葬后如果家道不顺，便认为葬地不好，又请风水先生另择吉地，移棺或拾骨重葬。按习俗，凡60岁以上的死者，方可垒圆坟，否则，做蚂坟，36岁以下者为长形坟。下葬后，将死者灵位安放在厅堂香火龛之下，早晚供奉，以示逝者依然活在家人心中，与大家一道早晚用餐，共同生活，直至脱孝为止。

九、居丧制度

仫佬族人服孝时间较长，父母亡故，孝子要戴孝三年，即要守“三年之丧”。其戴孝原则是“孝大不孝小”，且有亲疏之分，即死者的子、孙、弟、妹、侄等直系亲属均须穿白孝服，头缠白布、脚穿白鞋。内六房以上的房族、小辈，则仅以白布缠头。兄姐不为弟妹戴孝，妻子不为丈夫戴孝。出殡之后，一般亲属即脱去头上的孝布，直系亲属可脱去白孝服，而头上的白布则需缠 30 天或 49 天才脱去。在三年守孝期间，每逢二月初一和七月初一子女供祭已逝的父母时，仍需头缠白布戴孝。在安葬死者的头 9 天时间里，孝男孝女每天清晨都要身穿孝服去祭拜墓地，俗称“上新坟”。每上一次新坟，路程都相应缩短一些，如第一天上坟到达墓地，第二天仅走到墓地的 8/9 路程，以此类推。在“上新坟”期间，每天夜里，都有亲友到丧家陪同死者亲属聊天打牌，以此解除他们丧亲的哀愁和悲伤。在老人逝世后的 1 个月内（有的地方在 49 天内），儿子、孙子都不能睡高床，要在厅堂地上打地铺睡觉，称为“守丧”，内六房（即同一曾祖父的血缘近亲）及女婿、妹夫等，有时也来住上一两次。父母去世满 1 个月后，孝子才能剃头。这天，舅家及出嫁的姑娘姐妹，都要各办猪肉、香、纸、蜡烛等物前来供祭死者的灵位，丧家则须做粽子答谢。

父母去世安葬后，其灵位一直在家供祭。此后连续三年，分别于头年农历二月初一、次年二月初二和第三年的二月初三日，再各做一天道场追悼亡灵。届时，孝男孝女身穿孝服，备酒肉、饭菜和香烛纸钱到墓地祭奠。第一、第二年用于供祭的糯米饭，必须是用黄花草汁染成的黄色糯饭，第三年须用红蓝草或枫叶汁染成的紫色或红色糯米饭。第三年

做完道场后，即可烧掉死者灵牌（位），让其正式认祖归宗成为列祖列宗。此时亦意味着子女守孝三年期满，孝子孝女“脱孝”（即除去孝服），丧事才算结束。以后每年清明时节再行祭扫，代代相袭。[①]

十、非正常死亡者的安葬

凡死于横祸如坠崖、枪击或因其他事故亡故的非正常死亡者，不许抬尸进村，只能在村外田垌中或山脚下搭盖临时棚厂来安置棺材，家境好些的，不但替死者打斋超度，还请道公举行“过火炼”和“上刀梯”仪式，替死者“净身”。这样才能使死者灵魂“入祖归宗”，家人亦可免遭类似厄运。凡难产及生疮毒不治而死者，也被认为不干净，在举行打斋仪式时，还要做赶鸡上瓦脊的袚除活动，即用竹竿扎成一架长梯，由棺上架至房屋瓦桁上，再揭去屋瓦，开个小天窗，放一只雄鸡在梯上，由道公一边喃喃作法，一边赶鸡上梯，使鸡从小天窗穿出去，认为这样做了，死者的亡魂才能干净，免得在阴曹地府里受罪。安葬完后，丧家还要请道公作法驱鬼，名为“遣家”，之后才算丧事完毕。

青少年死亡的，无论什么死因都不举行任何仪式，找块烂席草草掩埋，即使家境好的人家，也只给一副小棺材，其他程序仍按死亡小孩一样操办。

壮年去世，如果未婚，请道师念经后即埋，可用棺材但不漆黑；如果已婚并有妻子儿女，就相对复杂，要打斋、定葬日、请地理先生择地下葬等。老人家去世，经济条件较差的可依照壮年死亡的办法操办，但棺木要漆黑。如妻子先故，出殡时丈夫要左手拿刀，右手持筷，将筷砍断，以示“砍断夫妻关系”，日后互不干预。

---

① 广西壮族自治区编写组．广西仫佬族社会历史调查．广西民族出版社，1985：255～256.

第六章

生息之源

仫佬族聚居的罗城仫佬族自治县有“八山一水一分田”之称，目前有耕地31.5万亩，占总面积的7.87%，人均耕地面积仅0.87亩，其中水田19.5万亩，旱地11.25万亩，水田约占耕地总面积的62%。县境内的耕地处在半平原、半丘陵地带。东北部和东南部的龙岸、黄金、小长安及西南部的四把等乡，大部分耕地是平原，西北部的乔善、怀群、天河、下里及中部的桥头等乡，大部分耕地属丘陵地带。总体而言，仫佬族聚居区属石山区，这里山大石多，河深沟浅，田少地瘠。世代靠山吃山的仫佬族人民，用自己勤劳的双手，耕田种稻，垦山耕畲，挖煤编帽，赶山围猎，经商烧罐，维持着民族的生生不息，创造了具有浓郁民族特色和地方特色的经济生活。

第一节　踏犁翻畲与赶山围猎

一、踏犁翻畲

踏犁翻畲是仫佬族祖祖辈辈传下来的耕作方式，这种方式与仫佬族居住的石山地区自然条件密切相关。仫佬族聚居的“百里长廊”两边石山回环，中间丘陵峡谷错杂，乱石嶙峋，荆棘丛生，很难找到像样的平坦田地。当地有“瓢一块，碗一块，蚂蚱一跳过三块”的俗语。由于石多地少，人们没有能力把石头搬走。但是要吃饭就要耕种，部分平坦的田地可使用牛耕、马耕或机耕，而小块的山田，牛耕、马耕、机耕都不能使用，只能沿用祖辈传下来的踏犁技术。踏犁耕作技术，现在仍与机耕并存。踏犁结构较为简单，是由一根弯曲的木柄下端装上一个宽约 12 厘米的铁锹口制成。用时，脚踏手翻，深耕可达五寸，效率比牛犁要低，但比锄头的效率高且省力，每人每天能耕田 0.5 亩，只相当于牛犁的 1/4，但由于比较适应山区耕地土地块小、分散、粘结、石头多的特点，因此脚踏犁至今仍是当地普遍使用的翻地工具。据考证，踏犁垦耕技术传入仫佬山乡与汉族南下有关，最迟是在 340 多年前的明朝。①

二、赶山围猎

居住在山区的仫佬族，自古以来就有赶山围猎的习惯。每年春节至元宵节，或平时农闲季节，人们都十家九户或整村整寨老少出动，带着猎狗，或扛上猎枪，或手持长矛大刀，成群结队地上山，围猎那些危害庄稼的山猪、刺猬、黄猄、山羊等野兽。喊声、吆喝声、枪声汇成一片，响彻千山万谷，场面颇为热闹。

仫佬族赶山围猎，不管人数多少，组织分工都相当严密。由一两个经验丰富的人负责总指挥，其他成员分为找脚印者、赶山者、伏击手、联络员等小组。各组分工明确，配合密切。每当发现野兽，指挥者即下令迅速包围，将野兽团团围住，然后按照各人分工各司其职。找脚印者多由那些年纪较大、经验丰富的人担任，他们大都能为围猎

① 李干芬，胡希琼．仫佬族．民族出版社，1991：42.

提供线索和提出行动方案，负有参谋职责；伏击手多由那些枪法准的人担任，他们根据提供的情况，伏击在野兽经常出没的山卡路口，等待时机进行射击，其枪法精准，通常能百发百中，只要听到枪响，一般都能得到猎物；观察员专门负责站岗放哨，每到猎场，他们便分别攀上高坡岭顶，定神注视野兽出没的方向，发现目标即呼唤射击手跟踪追击；赶山者是那些手持大刀、长矛、棍棒的人员，他们带着猎狗，进入深山密林中，呼喊驱赶，滚石放火恐吓野兽；联络员多数跟着指挥员，随时将命令传达给各路人员。但凡发现野兽，人人都有击杀捕捉的任务。

仫佬族对于获得的猎物实行平均分配。猎获的野兽不论大小，打中头枪的射击手都会得到头、脚作为奖励，其余在场的人，见者有份，平均分配。由指挥者登记好名字，编排号码，写在纸上，然后分放在肉堆上，谁的名字在哪里就取哪一份，公平合理，谁也没有怨言。要是猎物很少不好分配，就把它杀好，剁成肉浆煮汤，然后大家分吃。

赶山围猎是山区少数民族经济生活的一个组成部分，仫佬族山区山高林密，人烟稀少，是野兽出没和百鸟归巢的地方，各种鸟兽不仅糟蹋庄稼，还威胁到了人身安全，因此仫佬族赶山围猎的主要目的是为了保护庄稼和人身安全，而并非是以游猎为生。①

第二节　稻香蔗甜葡萄红

一、从以粮为主到农业综合开发

自古以来，仫佬人均以务农为业。民国初期至新中国成立前，仫

① 李干芬，胡希琼．仫佬族．民族出版社，1991：47～49.

佬族农业人口占90%以上。农作物种植以粮食作物为主，有水稻、玉米、大豆、红薯、小麦、高粱及芋头、荞麦等其他杂粮，其中以水稻的种植面积最大，其次是玉米。经济作物种植面积相对较少，主要有花生、棉花、芝麻、黄豆、油菜等，主要用于自家消费。经济作物以黄豆和棉花最为重要。黄豆可以复种在玉米地上，不与玉米争地，因此当地一直有种植的传统，黄豆在当地主要是当菜吃，或做豆腐食用。新中国成立以前，棉花是当地农民普遍种植的作物，因为那时候一般贫苦农民不可能到市场上去买布来做衣服，只能在自己的地上种点棉花，农闲时由妇女自纺自织做衣服穿。新中国成立后，一般农民都到商店买布来做衣服穿，自纺自织土布的不多了，棉花的种植因而也逐渐减少。

仫佬族地区农业生产水平大致与附近的壮、汉族地区相同。生产工具主要有犁、耙、锄、刮、镰、刀等，高山地区还有用脚踏犁翻地的情况。多数平坝地和水田一般用牛、马等牲畜进行犁耕。水稻每年一季（龙岸等地有少数种二季田）。农作物单位面积产量很低，一般亩产不过300斤，低的只有100多斤；玉米亩产在几十斤到100多斤上下；红薯亩产600斤左右。因此当地自产粮食不能自给。

新中国成立后至十一届三中全会前的30年间，仫佬族地区的农业种植结构基本沿袭传统，农业生产仍然以种植水稻和玉米为主，粮食不能自给。1980年，当地农村实行了土地联产承包责任制，农民的生产积极性被充分调动起来，农业生产得到了前所未有的发展。农作物种植品种除水稻和玉米等粮食作物外，还大力发展经济作物，如花生和油菜等油料作物、甘蔗、桑叶、木薯、烟叶、蔬菜、棉花、水果等，城镇附近还有零星的商品蔬菜生产。

1989年后，当地大面积推广普及杂交水稻和杂交玉米种植，同时应用推广地膜防寒育秧、地膜玉米、旱育稀植、水稻抛秧、测土配方施肥、沃土工程、病虫害综合防治等农业科学技术，粮食总产量连年提高，结束了粮食不能自给的历史。1995 年，罗城仫佬族自治县粮食总产突破 13 万吨。1999～2000 年，罗城被定为第二批全国粮食生产基地县粮食生产达到巅峰时期。1989～2001 年，创造了连续 13 年全县粮食总产连年增产的辉煌成果。2005～2010 年 5 年间，罗城仫佬族自治县每年粮食种植面积稳定在 41 万亩左右，产量 11.5 万吨以上。

村边的稻田

20 世纪 90 年代中后期，罗城仫佬族自治县开始实施农业产业结构优化调整，实行农业综合开发，在重视粮食生产的同时，把甘蔗、春烤烟、林果、冬季农业等产业作为农业综合开发的主要内容，农业从单一追求粮食产量走向提高农业效益的科学发展道路。进入 21 世纪后，罗城仫佬族自治县提出“强素质、创品牌、工业抓龙头、农业抓增收”的工作思路，农业的中心任务是抓增收，全面实施农业产业结构调整，依托县糖厂、山野葡萄酒厂、木薯淀粉厂、制丝公司等龙头企业，结合本县生产实际，把毛葡萄、甘蔗、种草养牛以及烤烟、桑

蚕、木薯等“三大三小”作为农业产业结构调整发展的主要产业，同时提出“保证粮食生产安全”，大力发展“三大三小”产业，粮食种植面积相对减小，在抓粮食生产工作中，通过大面积普及推广新型实用的农科技术，提高单产，以保证粮食总产的稳定。农民收入明显提高，农业结构趋于合理化。

二、“三大三小”产业的发展

罗城特色农业主要是“三大三小”产业，即毛葡萄、甘蔗、种草养牛“三大”产业和烤烟、桑蚕、木薯“三小”产业。

毛葡萄。毛葡萄是一种浆果，本地俗称山葡萄，是罗城的特产，因这种野生葡萄茎部和叶背均长有绒毛而得名野生毛葡萄。罗城仫佬族自治县是我国野生毛葡萄原产地，亦是国家有关部门命名的目前我国唯一的“中国野生毛葡萄之乡”。

毛葡萄鲜果多汁，味甜带酸，浆果色素、有机酸含量高，医疗保健成分含量也高。其浆果含有人体健康所需的18种氨基酸，特别是维生素 B_{12}、PP和肌醇，有益于防治贫血、肝火疾病和降低血脂、软化血管等作用。它主要用于酿制葡萄酒，占90%以上。用毛葡萄酿制的葡萄酒，呈清澈透明的宝石红色，甜酸可口，浓郁醇厚，风味独特，在葡萄酒家族中绽放出一朵奇葩，深受好评。除此之外，也可鲜食，制汁等。鲜食口感甜中带酸，味道层次丰富而细腻。

罗城的气候、土壤条件都适合毛葡萄生长。野生毛葡萄十分耐旱，且繁殖力极强，只要有土就可以生长繁殖，因此罗城南部连绵数百里的石山地区都长满了这种葡萄。居住在山区的仫佬族也有种植的传统习惯，人们把野生毛葡萄移栽到屋前房后、路边地头。人工栽培后，生长良好，速生早结，硕果累累，较之野生状态，其产量高出数倍乃至数十倍。有的树龄达几十年甚至上百年仍能正常开花结果，有的植株覆盖面积达半亩以上，单株年产果可达500公斤。种植毛葡萄不仅能增加收入，还具有绿化石山、治理石漠化、保持水土等优势。鉴于此，罗城仫佬族自治县在20世纪90年代初期就把野生毛葡萄定为全县特色支柱产业来发展。1999年，在广西农科院专家的帮助下，该县实现了野生毛葡萄大面积人工种植，同时建立了20多个毛葡萄种植示范基地。2003年实施“百里毛葡萄长廊”项目，发动全县县直机关单位在公路沿线种植毛葡萄250多公顷。经广西壮族自治区科技厅对该县野生毛葡萄示范基地测产验收，最高亩产鲜果达713公斤，亩收入1700元；2004年亩产突破1000公斤，亩收入2000元以上。正是感受到了毛葡萄带来的好处，当地许多农民纷纷利用山坡、石洼、庭院等，大力发展毛葡萄生产。

山脚下的毛葡萄种植园

目前，毛葡萄种植产业在罗城已初具规模。很多农户或单户种植、或几户联营，几十亩、几百亩地大片承包石头山、荒山种植毛葡萄，

年收入在几万至几十万元。全县13个乡镇全部建有野生毛葡萄基地。全县有连片千亩以上的野生毛葡萄基地4个，百亩以上的基地65个，示范场园32个，种植面积6.6万亩，年产毛葡萄超过5000吨，纯收入超过2000万元。毛葡萄已成为罗城仫佬族自治县农民增收的重要来源。

甘蔗。罗城种蔗制糖最早记载是民国二十一年（1932年），当时境内分罗城、天河两县，种蔗面积41公顷，产糖50.1吨。到民国三十年（1941年），罗城、天河两县民间有蔗糖榨具26付，种蔗面积为178.83公顷，产糖263.25吨。[①] 新中国成立后，当地大力发展甘蔗种植，相关部门为推广新良种、新技术和提高甘蔗种植的科技含量做出了不懈的努力。县里组织技术员到蔗区乡村对基层党员和种蔗群众进行技术培训，仅2007年就累计培训1650人次，印发技术资料3000多份。目前全县甘蔗良种率已达到99.84%。

此外，罗城县政府和企业联合制定了一系列扶持政策，推动糖蔗发展。制糖公司为种蔗农民提供蔗种、化肥贷款，对用水田种蔗和连片100亩以上深耕种蔗的群众给予补贴，对较好完成任务的乡镇、单位、农户给予奖励。在这些政策的激励下，2007年全县新增糖蔗种植面积1.7万亩，其中种蔗面积达50亩以上的种植大户就有26户，最多一户达550亩。

罗城仫佬族自治县通过政策推动、科技拉动、龙头带动，糖蔗种植面积和原料蔗产量逐年上升。甘蔗产业逐渐成为罗城仫佬族自治县农民增收、财政增长的重要产业，1989全县种蔗面积7725亩，产蔗1.76万吨；1990年种蔗面积1.11万亩，产蔗3.02万吨；2002年全县种蔗面积9.43万亩，产蔗44.68万吨；2007年，全县糖蔗种植面积达14.3万亩，2007/2008年榨季，原料蔗产量达60万吨，蔗农收入达

---

① 罗城仫佬族自治县概况．民族出版社，2009：67.

1.8亿元；2012年，全县甘蔗种植面积发展到19.6万亩，2011/2012年榨季，全县甘蔗产量70万吨，农民种蔗收入达3亿多元。罗城仫佬族自治县逐渐形成糖蔗—白糖—酒精—复合肥的产业链。目前，该县继续大力发展糖蔗种植，计划到2015年，完成甘蔗种植到25万亩左右，产量提高到120万吨以上。

桑蚕。罗城县的桑蚕业于20世纪80年代中期首先在龙岸镇发展起来，20世纪90年代初期桑园面积3000亩左右，但1994年下半年后，由于受国际茧丝市场以及其他综合因素影响，桑园面积逐年减少。到1999年年底，全县仅剩60亩桑园，主要集中在四把、龙岸两镇的部分村屯。2000年，政府利用“东桑西移”的大好时机，决定把桑蚕生产作为支柱产业。2001年调整充实了县桑蚕生产领导小组，成立桑蚕生产办公室，协调指导各乡镇的桑蚕生产，把发展桑蚕生产计划任务分解落实到各乡镇，同时抽调桑蚕专业技术人员深入到各重点村屯开展技术培训工作，解决桑农在实际生产过程中遇到的各种疑点问题，促进了桑蚕生产的发展。2004年桑园面积达到1.3万亩，养蚕5.07万张，产鲜茧260万公斤，产值约5200万元。2005年，全县累计发展桑蚕面积2.5万亩，养蚕8.5万张。此后几年，桑蚕业得到快速发展。2011年，罗城全县桑园面积已发展到5万多亩，累计饲养蚕种16万张、鲜茧产量6851吨，农民仅种桑养蚕一项年收入达2.3亿元。桑蚕业成为当地的一大支柱产业。

一些农户靠种桑养蚕致了富，“粮食不愁吃，旧房变楼房。”如仫佬族聚居的四把镇冲迈屯，过去村民收入主要是依靠种水稻和玉米，由于人多地少，年年种粮还是解决不了村民的衣食住行问题。自从2000年种桑养蚕以来，该屯当年村民户均增收3000～5000元，发展种桑养蚕的积极性高涨。由当时的9户发展到现在的92户，种植面积由原来的30多亩发展到现在的270多亩，不少村民还想方设法外出租田、租地进行扩种。

桑园

值得一提的是，在桑蚕业得到快速发展的同时，当地还开拓出了利用桑杆栽培食用菌的致富新路，有效延伸了当地桑蚕产业链。这一尝试首先在龙岸镇获得了成功。以前，桑杆多被当作柴草烧掉，或丢在田间地头烂掉，2010 年，龙岸镇兴龙种养农民合作社建立桑杆食用菌示范基地，把桑杆废物再利用，栽培秀珍菇、香菇、木耳、灵芝、鸡腿菇等多种食用菌种。该基地占地面积 20 亩，目前有 4 个大棚，厂房 4000 平方米左右，建有原料堆放场、制菌棒车间、高压灭菌消毒设施、接种车间、原材料仓库、菌种繁育室、反季节栽培专用冻库、产品加工包装车间等机械生产线。基地采用"公司＋农户"的发展模式，企业组织菌棒生产和产品统一加工销售，产品向无公害、绿色、有机发展。基地建立以来，每年生产食用菌棒 100 万个，销售鲜菇 360 吨，产值 450 万元，基地共安置本地农民劳动就业岗位 120 个，带动近 200 农户参加栽培。利用桑杆栽培食用菌不仅增加了农民收入，还促进了当地农业经济的良性循环发展。

种草养牛。罗城县农村有养牛的习惯。当地饲养的牛分为黄牛和水牛，黄牛是当地主要的养殖品种，体型较小，分布于全县各地，以石山、半石山旱作地区为多，现存栏量约有 6 万头。水牛体型稍大，多数毛色为灰黑色，也有少数为白色。成年公牛身高多在 120 厘米左右，体重 380～480 公斤，母牛则稍矮稍轻。过去，一般每家都养一两头牛，主要用于耕作，养殖规模不大。据 1933 年《广西年鉴》记载："罗城气候温和，山区颇广，宜于畜牧。但牧业不振，实因牧户之拘泥成规，对于新法，不加研究，畜疫流行，无法医治，甚至亏损，人多裹足不前，故无大规模之牧业经营。"

新中国成立后，从 20 世纪 60 年代开始，罗城县先后建立了畜牧业生产管理和养殖技术推广及畜、禽疫病防治机构，还陆续建立了一批养殖示范和良种推广基地，特别是健全了县、乡、村三级畜牧兽医技术推广体系，积极引进、试验、示范、推广先进的养殖技术，不断引进、繁殖和推广畜、禽优良品种，加强了畜禽疫病防治控制，使畜牧业获得持续健康的发展。20 世纪 80 年代后，整个畜牧业机构体系更臻完善，功能齐全，技术力量和设施设备更加雄厚和完备，有效促进了畜牧业的快速发展，罗城仫佬族自治县的商品化肉牛养殖也获得了突破。2004 年年底统计，全县种植牧草已有 10 650 亩，配套养牛 22 760多头（大部分为能繁母牛），全县养牛年末存栏量达 12 400 头，当年出栏量达 18 600 头，分别比 1985 年增长了 80%和 481%。① 到 2006 年，罗城仫佬族自治县已种植牧草 2 万亩，配套饲养商品牛 3.5 万头。种草养牛成为当地农民增收的重要途径之一。

烤烟。目前，罗城县把烤烟生产作为农业增效产业，连续多年种烟的农户超过 600 户。2010 年，龙岸镇被广西烟草公司列入全区烤烟生产特区。龙岸、下里、天河等乡镇烟农开始规模种植烤烟，全县种

---

① 罗城仫佬族自治县概况编写组．罗城仫佬族自治县概况．民族出版社，2009：72～73.

植春烤烟 20 亩以上的种植大户达 161 户，合同种植面积 5141 亩，占全县种烟面积的 70.8%。2012 年全县连片种植了 1 万余亩春烤烟，长势喜人，到 2012 年 5 月，全县已投入 800 多万元兴建 271 座标准化烤房，确保烟叶顺利烘烤。据罗城烟草部门介绍，2011 年收购烟叶 15 131担，全县烟农依靠种烟实现收入 1360 余万元。目前，罗城县大力发展烤烟种植，建设烟水配套工程，努力提高烟叶生产能力，预计到“十二五”期末，烤烟种植面积达 2.5 万亩，年产烟叶 5 万担。

种植的牧草

第三节 煤砂罐与葡萄酒

一、传统手工业

新中国成立前，仫佬族聚居区基本没有工业，手工业在仫佬族人民的经济生活中占有重要地位。各农户除了从事农业生产之外，还利用山区或半山区的自然条件，在农闲时从事家庭手工业，如编织竹器、打铁翻新农具、纺纱织布、打草鞋等，或自用或出售，以补农业生产之不足。

民国24年（1935年），罗城县手工业行业有烧制缸、坛、罐，造纸，编竹席、草帽，织毛巾、袜子、土白布以及榨油、榨糖、熬酒、农具制造等30多种，多系个体经营，手工操作，沿袭原始工艺。新中国成立初期，手工业生产在当地工业中仍然占有主导地位。1952年，手工业产值157.02万元，占工业总产值的82.05%。此后，政府对工业投入逐年增加，促进了当地工业的发展，手工业在工业总产值中的比重逐渐下降。

各手工业行业中，规模较大且较具民族特色的手工业有煤砂罐制造、编织、打铁和纺纱织布等。

煤砂罐制造。仫佬族烧制缸瓦及陶器手工业，已有几百年的历史，是仫佬族最具有地方特色和民族特色的手工业，其中尤以制造煤砂罐闻名。煤砂罐是仫佬族日常的炊具，又是精美的工艺品。煤砂罐主要是用作烹煮食物的容器，有的也用于储藏粮食。其种类很多，有用来沤猪潲、烧热水的高罐，煮饭的瓮口罐、篙耳罐，炒菜用的横柄扁罐、双耳扁罐，烧茶用的大、中、小牛头罐，蒸糯米饭用的饭甑罐，装酒用的壶罐，酿酒用的酒甑罐等，品种达20多种。在20世纪90年代，仫佬山乡家家户户都有几个至二十多个煤砂罐。煤砂罐的制作使用与仫佬族人民的生产生活息息相关。仫佬族聚居地区盛产煤炭，在宋朝初年就开发煤矿，用煤炭来作燃料，烧饭取暖。由于煤中含硫量大，使用铁锅煮饭，很容易被硫腐蚀而穿底。煤砂罐具有抗硫作用，不易被腐蚀，经久耐用，一个煤砂罐可使用几十年。因此，煤砂罐很受当地人的欢迎。尽管现在各种金属锅品种丰富、价格便宜，仫佬人还是离不开用了几百年用惯了的煤砂罐。

各式各样的煤砂罐

仫佬族博物馆和广西壮族自治区博物馆均把仫佬族的煤砂罐作为文物收集收藏。2012 年，《仫佬族煤砂罐制作工艺》被列入广西第四批自治区级非物质文化遗产代表性项目名录。

关于煤砂罐的来历，流传有一个《三堆造罐》的民间故事，从这个传说故事中，我们也可以大致了解煤砂罐的制作工艺和过程。故事说，古时候有个叫“三堆”的仫佬族后生哥，家里一贫如洗，母子相依为命。有一年除夕，有钱人家杀鸡宰鸭过春节，他家只有几把玉米，装在鼎锅里，放在地炉上熬粥过年，可是鼎锅漏底了。妈妈伤心得流眼泪，为了安慰妈妈，三堆端起漏底的鼎锅说：“妈莫忧，妈莫愁，铁锅漏了有罐煲。”当天晚上，三堆做了个好梦，梦见一只拖着长尾巴的乌金雀，频频向他点头，把他引到一个陶瓷作坊中，里面摆满了各式各样光闪闪、金灿灿的陶瓷制品。有个老师傅正在一个大大的石模盘上制坯。只见他把一团泥球往大石模盘上一搁，用脚一蹬，石模盘便呼呼飞快地旋转起来。老师傅的手随着模盘上飞转的泥团，左捏右捏上弄下弄，像变戏法一样，不消两袋烟的工夫，盘盘碗碗、缸缸罐罐的坯子就造出来了。然后他把这些坯子放进窑里，引火煅烧；用一只布满老茧的大手，捋捋雪白的长胡须，指了指煅窑，又指指一排排光闪闪、金灿灿的陶瓷品说："烧它三天三夜，窑里的坯就变成这些宝贝啦！"第二天晚上，雄鸡刚叫头遍，那只乌金雀又来到床前把三堆叫醒，领着他到村后的陶仙洞，挖回三担散发着屡屡芳香的白泥；到五雷岭下煤窿旁，背回三篓乌黑发亮的煤矸石；到村前的龙潭边，挑回两担清澈晶莹的龙泉水；到凤凰山麓，扛回一块光光滑滑的大石头。天开始发亮，三堆像梦中见到的那样，如法炮制，用石头做成一个大模盘，把白泥、煤矸石舂碎成粉末，再拌上龙泉水，糅合均匀，捏成一个个泥团，再把泥团放在石模盘上，用脚一蹬，石模飞转，双手捏着随模盘飞转的泥团，摆弄一阵，果然得心应手，第一个罐坯就做成功了。三堆高兴极了，一口气连干两天，大罐小罐、高罐扁罐的坯子做了一大堆，然后把那些坯子放到窑里，烧了三天三夜快要出窑的时候，那只乌金雀又飞来了。它衔来一把松树枝放在窑边，叫三堆打开窑门，把松树枝分放在烧的红彤彤的煤砂罐里。松树枝烧起一缕缕青烟，冒出了松油，给煤罐抹上一层釉彩，晶莹炫亮，光彩夺目，第一批煤砂罐制出来了。从那以后，这套工艺就逐渐传播开来，代代相传，并且不断改进、创新、发展。①

编织。过去，仫佬族地区由于自然条件差，农业收入难以维持基本生活所需，而当地盛产各种竹子、草藤，因此，多数人家都编箩筐、棕裙、竹簟、草帽、草鞋等上圩市出售，编织手工业成为仫佬族经济生活中相当重要的一部分。据调查，新中国成立前仫佬族的家庭中，无论贫富，几乎每个农户都有人从事编织手工业，编出的器具，除了家庭自用外，还拿到集市上交易。每年仅这一项收入约占总收入的

① 李干芬，胡希琼．仫佬族．民族出版社，1991：53～54.

1/4，比例相当高。20世纪三四十年代，东门、四把两个较大的圩集，每圩上市摆卖的竹子、箩筐、鸡鸭笼、煤箩、畚箕、谷簟、竹片等竹器以及草帽、草鞋等各种编织品，几乎占去半个圩场。由于当地盛产各种竹子，编成的各种竹器价格便宜，因此，来自柳州、宜山、融安等地的客商有不少人专门收购这些器具，装上马车运往外地销售，从中获利。新中国成立后，这些传统的编织产品得到保留和发展。编制手工业的产品种类和数量多少，依农时和季节变化需求而定，如每年逢3～4月，是农业生产的大忙季节，就多编竹箩和畚箕，这是挑肥下田不可少的工具；5～8月多编织竹簟，那时夏收正忙，需要簟晾晒谷物。夏季是编织手工的旺季，除了编一些农忙需要的竹器，因天气炎热多雨，遮阳、防雨用具需求量大，还编织一些棕裙作雨具，多编织草帽供应市场需求。冬季办喜事比较多，按照当地风俗，办喜事送礼需要新编的“走亲箩”，这种“走亲箩”比一般箩筐小，每个仅能装10～20斤大米，工艺精致，全部用篾青编织而成，有的外面还贴上一层砂纸，光滑洁净，美观大方，颇具民族特色，曾经拿到日本等国展览，颇受好评。当地人走亲送担，必须要用，因此，各家各户都有两三对这样的“走亲箩”以备用。

编织草帽、草鞋，也是仫佬族颇具盛名的手工艺。每年春夏，各家各户将收回的麦秸禾秆，去衣留芯，整理晒干之后，放在煤炉上熏烤。煤炭含硫，燃烧后释放出硫化碳气体，将麦秆、禾秆的黄色去净，变成光滑雪白的颜色，也有直接用硫磺烧火熏烤的。用这种麦秆编织成的草帽，颇受欢迎，几乎每位青年男女都备有一顶，作为赶圩下田劳动所用。编织草鞋则是用熏烤过的禾秆打底，再系上用棉纱织成的鞋绑鞋带。这种鞋比较美观耐用，过去曾是青年男女谈情说爱互赠的礼物。①

---

① 李干芬，胡希琼．仫佬族．民族出版社，1991：46～47．

竹编产品

打铁。仫佬族打制铁器工具已有几百年的历史，早在明代，仫佬族就有了本民族的铁匠。《说蛮》、《大清一统志》都有关于仫佬族“善制刀”的记载。1949 年以前，打铁铺几乎遍布仫佬山乡的每一个村屯。铁匠都是半工半农，旺季打铁，淡季务农。在农村打铁都是加工性质，由农民拿旧的或坏了的农具来给铁匠加工翻新，所需一些钢铁原料，多是到各地农村收购的废料。工场简单，除了鼓风炉、铁蹬、铁锤、铁钳外，再没有什么设备了。没有专门雇用的工人，只由自己家庭成员当副手。产品以农耕上需要的锄、铲、刀、刮、镰等农具为主。

纺纱织布。这是过去仫佬族地区每个农家妇女的主要手工艺。妇女们从少女时期就开始学习纺纱织布，到出嫁时大都学会了从种棉到纺纱、织布、染制等一套工艺。农村每个家庭，一般都有一架土织布机。妇女们的纺织活动，平时多在晚上进行，雨天或农闲季节则白天进行。她们长年的辛勤劳动，为的是解决全家老少的衣着问题。新中

国成立前夕，历史上沿袭下来的自种棉花、自己纺织、自己染制的家庭纺织业受到冲击，已大部分为洋纱洋布所代替。

二、民族工业的发展

新中国成立后，罗城的工业建设从无到有，逐渐发展起来。从1952年县属食品厂成立开始，先后兴建了农具厂、火电厂、硫煤矿、炼铁厂、大米加工厂等企业，到1985年，县属国营工业企业发展到20个。当年全县工业总产值1189万元，占社会总产值的11.85%，占工农业总产值的18.46%。

改革开放30年来，罗城仫佬族自治县工业企业得到突飞猛进的发展。2011年，全县共有工业企业980户，其中规模以上工业企业24户；全部工业总产值为23.5亿元，其中规模以上工业生产总值达20.28亿元，工业税收1.24亿元，对财政贡献率为52.7%，其中规模以上企业税收1.16亿元，占全部工业税收的93.55%。工业已成为罗城仫佬族自治县国民经济增长的主动力。

目前，罗城仫佬族自治县工业主要以农副产品加工业为主，以矿产资源采掘、加工为辅，农产品加工龙头企业每年提供的税收占全县地方财政收入的1/4。农产品加工业以蔗糖、野生毛葡萄、淀粉加工和缫丝等几大产业的发展为主，蔗糖和野生毛葡萄酒是罗城工业中的特色产业。

蔗糖。在现代榨糖工业兴起之前，仫佬族地区就有种蔗和手工制黄糖的传统。据《罗城县志》记载，民国二十八年（1939年），罗城县产甘蔗1980担，黄糖35担；天河县产甘蔗1050担，黄糖19担。[①] 新中国成立后的20年间，当地沿用传统工艺生产黄糖，到20世纪70

① 罗城仫佬族自治县志编纂委员会编．罗城仫佬族自治县志．广西人民出版社，1993：333.

年代，部分生产大队、生产队开始用小型榨糖机榨糖，1976 年全县种蔗 3527 亩，产量 1310.30 吨，产黄糖 195.50 吨。1988 年罗城仫佬族自治县糖厂筹建，1990 年元月建成投产，开启了当地现代化机器制糖的历史。当时罗城糖厂生产能力低，生产规模仅为日榨 200 吨，当年榨蔗 6000 余吨，部分甘蔗需运到柳城等县糖厂加工。2001 年 12 月罗城糖厂加入柳州凤山糖业集团，生产规模达日榨蔗 3000 吨，年榨原料蔗 45 万吨，产机制糖 5 万吨，产酒精 3000 吨。2002/2003 年榨季，进厂原料蔗 437.55 万吨，产蔗糖 4.67 万吨，工业总产值 12 693 万元。该企业每年上缴的税费占全县财政收入的近 1/5。企业的发展带动了农业产业结构的调整。随着企业榨蔗能力的提高，甘蔗种植面积也逐年扩大，增加了农民收入。近年来，蔗农仅种蔗一项收入每年均超过 7000 万元，企业年可实现税费 1000 多万元，实现了“双赢”。为了适应全县糖业发展的需要，凤糖集团还投资 4000 万元对罗城制糖公司进行了技术改造，使罗城制糖公司日榨量由原来的 3000 吨提高到 4000 吨，提高了龙头企业的拉动能力。可以预见，在不久的将来，蔗糖生产将会发展成为仫佬族地区的支柱产业。

毛葡萄酒。自古以来，罗城各族人民就有土法酿制水果酒的习俗，每年山果成熟时节，家家户户都上山采野果酿酒，其中野生毛葡萄就是人们喜爱的酿酒原料之一。将采到的野生毛葡萄洗净，捣成糊状置于一坛家酿的米酒中，并加上冰糖等佐料，密封坛口荫置于屋后的石洞里，三五个月后便成了芳香四溢的葡萄美酒了。用野生毛葡萄酿酒在罗城已有 300 多年的历史，据道光二十四年（1844 年）《罗城县志·卷三》记载，早在清朝顺治年间，“一代廉吏”于成龙初任罗城知县，为“劝农节粟”，“涉乡野，访村老”，获悉罗城盛产野生毛葡萄，于是“劝其以野生毛葡萄代粟”酿制成酒。往后的数百年，罗城葡萄酒民间酿制工艺得到不断的积累、改进和创新，形成了一套独特的酿酒工艺，

葡萄酒的品质越来越好，并始终保持在一个较高的水平上。直到现在，仫佬族民间还有用野生山葡萄自酿美酒的习惯。来到仫佬族地区，随意走进一户人家，就会闻到一股沁人心脾的浓郁酒香，热情的主人随即会端来一杯味道醇香、清澈透亮的葡萄酒。品尝着美酒，遥望远处美丽如画的山水景色，听着仫佬人动听的歌谣，犹如梦入仙境，让人流连忘返。

罗城野生葡萄酒总厂在1969年建成后，广泛吸取了民间的酿酒技术精华，于1986年开始用毛葡萄酿造葡萄酒，并一举获得成功，后经不断的技术改造，葡萄酒的质量越来越好。多年来，罗城野生毛葡萄酒在广西壮族自治区内外深受广大消费者青睐，连年被评为广西轻工业优质产品。1998年，被指定为广西壮族自治区区庆40周年专用宴酒，1999年荣获首届世界酒业成果博览会国际金奖，1999～2005年中国中轻产品质量保障中心质量保证产品，全国质量信得过食品，2003年南宁国际民歌艺术节专用红酒，2003年、2005年广西名牌产品，2004年获得地理标志（原产地标记）产品认证。

采煤。煤炭、矿产品开采冶炼业是罗城仫佬族自治县工业的重要组成部分。在罗城县的崇山峻岭中，蕴藏着丰富的矿产资源，有煤、铁、硫磺、锑、铜、铝、锰、镍、水晶等，矿的储量以煤为最多。据勘探资料，从龙岸的北源九龙到四把的近百华里的丘陵山地，都蕴藏有煤矿，形成了著名的罗城煤田。罗城煤田的稳定性较大，因此开采价值也大。早在宋朝初年，当地煤矿就开始开发，至明、清两代，仫佬族采煤、用煤已相当普遍。目前，罗城煤田是广西壮族自治区比较重要的煤田之一，自治区内不少企业均需要该县的煤炭供应。罗城煤是无烟煤，又称白煤，其硬度和发热量都较大，比较适合于炼铁和炼钢。硫磺矿主要夹在煤层之间，储量也很丰富，凡是有煤的地方都有硫磺。因此，在发展采煤工业中，硫磺的开采也有了相应的发展。

居住在“百里长廊”煤矿带的仫佬族人民，历史上就形成了挖煤的习惯，挖煤在当地人经济生活中占有重要地位。明清时期的文献记载，仫佬族人民以采煤为生，掘地为炉、烧制砂罐。据清史记载，清朝初年，封建统治者曾在这里设立官办矿场，雇佣一些仫佬、壮、汉族工人挖掘，《广西通志稿》引《广西矿产之分布与矿业之状况》一书中也提到“罗城县寺门与天河、融县米洞煤田”的情况，“由黄铁矿以提炼硫磺，且出产最多者首推罗城县也”。

在旧中国，很多仫佬人靠挖煤出售来补充农业收入的不足。除了一部分人受雇于地主、资本家，为他们挖煤之外，在煤矿沿线居住的仫佬族人民，每年农闲季节也去挖煤，除自用外，还挑到圩场去卖，或卖给开矿的地主、资本家老板，或用于烧砖瓦、烧石灰、做煤砂罐，或炼硫磺出售。不过，无论是地主、资本家经营的还是农民开采的煤矿，产量都很少，开采的方法也很落后，生产工具简陋，矿井又窄又小又浅，工人只能背着箩筐爬着进去，用手镐一下一下地凿，挖满一箩筐后，再背着箩筐爬出来，工作效率很低，平均每人每天最多只能挖到 40 斤煤矿。[①] 那时候，无论是煤矿公司、矿庄或是个人所开的煤窑，都是“独眼井”，掘进、通风、提井、抽水，都在一个窿道，几乎没有什么安全措施。瓦斯爆炸、中毒、塌方、冒顶等事故屡屡发生，无数人因此伤残、送命，造成了许多家庭悲剧。当地有俗语“阴间要钱阳间用”，饱含着仫佬族挖煤人的辛酸。

新中国成立后，煤矿归国家所有，并从 1954 年开始筹建新厂。1958 年，除了专区办的煤硫厂之外，县办较大的工厂就有 10 多座。此后，县内不仅有地方国营煤矿、县办煤矿，还有乡办煤矿，如四把乡和东门乡的新廖都有乡办煤矿。很多仫佬人靠挖煤摆脱了贫困，特别

① 广西壮族自治区编写组．广西仫佬族社会历史调查．广西民族出版社，1985：13.

是党的十一届三中全会以后，靠挖煤解决温饱问题，甚至发家致富者不乏其人。2006年，经自治区验收，全县共有13个合法开采煤矿，其中有9个私有煤矿，主要分布在天河、四把、东门、小长安、黄金、龙岸6个镇境内。罗城煤炭资源的总储量为1.06亿吨，已探明的尚可开采储量为0.65亿吨。每年按80万吨速度生产，以可采量80%计算，煤炭至少还可以开采65年。

第四节　以商补农

以农为主、以商为辅是仫佬族人民的传统。新中国成立前，圩场附近农村的仫佬族农民多数以农业为主，兼营商业，通常在农忙时从事农业生产，农闲时节做小商小贩，人们习惯将其称为“以商补农”。商业在经济上的地位与农业同等重要，甚至超过农业。经商者一般是男子，妇女通常不经商，只在家耕田和料理家务。在广大的仫佬族农村，经商者比较普遍，一般家庭都有一两人，劳动力多的家庭有三五个人参与经商活动。如新中国成立前，四把圩有“居民365户，除去坐商76户外，其余各户都或多或少地做小商贩，其中92%以上是仫佬族，下里圩仅有住户23户（其中仫佬族11户），兼营小饮食店者就达17户”。[①] 当时的四把圩大梧屯，全屯174户，专营农业的不足10户，其余均兼营商业……1949年前，商业收入占总收入的一半以上。[②]

在新中国成立前30年，仫佬族地区已经形成了许多农村集市，计有东门、四把、小长安、下里、天河、怀群、乔善、桥头、黄金、龙岸等，尤以东门、四把两个集市赶圩的人数最多，每圩成交额最大。

这些圩场是仫佬族人民与各兄弟民族人民进行物资交流的场所。

① 李干芬、胡希琼．仫佬族．北京民族出版社，1991：45.

② 广西壮族自治区编写组．广西仫佬族社会历史调查．广西民族出版社，1985：148.

圩期一般是3天一圩，也有10天一圩，赶圩的人数多达几千人，少的也有几百人。农民多挑来自己生产的粮食、豆类、棉花、蒜苗、桐果、竹木器、砂罐、硫磺等农副土特产品销售，然后再买回农具、油盐、布料、纱线等生产生活用品，每年通过这些市场销出的农副土特产品数量相当大。

新中国成立后，仫佬族的经商传统一度受到抑制，改革开放后得以逐步恢复。现在，商业在仫佬族经济中仍然占有重要地位，但是与新中国成立前相比，在打工经济兴起以及经济作物大规模种植的背景下，仫佬族经商人数比例减少，经商意识有所弱化。

第五节　神奇的仫佬医

和世界上其他民族一样，仫佬族在长期的繁衍生息过程中，创造本民族辉煌的同时，也创造了灿烂的医药文化。新中国成立前的千百年里，由于交通不便，信息闭塞，很少有中医和西医传入仫佬族地区。勤劳善良的仫佬族人民为了生存和繁衍，充分发挥自己的智慧，利用九万大山的草药和长期积累的技法治病疗伤。仫佬人通过对大自然的观察、认识、感受和体验，以及在同疾病的斗争中不断总结积累经验，形成了独具特色的仫佬族医药，对本民族的繁衍生息和发展发挥了重要作用。

仫佬医的诊病法以望、闻、问、切的手段搜集辨病的依据。仫佬医认为，人体局部与整体，生理与病理的关系有六脏五腑、七窗四门。六脏是指神、心、肺、肝、脾、肾，五腑是指胆、胃、肠、脬、精（胞）宫，各脏腑各司其职，互为作用。七窗四门中，脉门为心之窗，舌为信、肺、胃之窗，鼻为肺之窗，眼为肝、胆之窗，口唇为脾之窗，瞳为神之窗，口为肺、胃之门，肛为胆、肠之门，前阴为胆、肾、脬、

精（胞）宫之门，汗孔为全身脏腑水热之门，七窗四门之中，均可窥见神，统察全身。

罗城县仫佬族草药一条街

仫佬医认为，诸多疾病，不外寒、热、风、湿、毒之气所侵，或为情欲失常内损，或为跌打搏击所伤，或为先受外气干扰而继内损，或为先内损而后受外气之侵，均按搜集所得的证据，分别部位、综合辨病。依据气、血、表、里、寒、热、虚、实定病，使用吐、散、泄、收、补、解毒各种方法，议方给药。

仫佬医治病手法有药物推搓疗法、针刺出血退热法、灯火灸疗法、挑痧/刮痧疗法、汤浴止痛退热疗法、药物包敷疗法、药物水膏敷贴疗法、药酒药油食擦法、拔罐疗法、温熨疗法、药物点破排脓法、吹点疗法、鸡翎探吐法、汤液饮服疗法及自身疗法等。

由于仫佬族有语言无文字，有关仫佬族医药的文献资料记载不全，加上社会历史的变迁，仫佬族医药瑰宝一度濒临灭绝和失传的境地。2007年以来，罗城县有关部门着力于仫佬族医药的抢救性发掘、收集、整理，组织编撰《仫佬族医药》一书，同时挂牌成立仫佬族医院及研究所，积极开展仫佬族医药研究，选用22个有效方药进行临床观察，并成立了仫佬族医药协会。经过5年多的艰辛努力，编撰完成《仫佬族医药》一书。该书总结和记载了298种病症，3455条验方，常用308种仫佬族药物，26种仫佬医特色诊疗技法。总结了仫佬医的“灵气”、“意念”、“调和”以及“七窗四门”、气、精、骨、筋肉，“风、寒、湿、热、毒”等方面对生理病理、病因病机认识和基础理论，使仫佬族医药的临床实践有了相应的理论指导。这是仫佬族医药发展史上具有里程碑意义的成果，对于传承和弘扬仫佬族医药精髓，提高仫佬族医药的学术水平和服务能力，丰富我国民族医药文化，都具有重要意义。

参考文献

1. 广西壮族自治区编辑组．广西仫佬族社会历史调查．南宁：广西民族出版社，1985

2. 吴保华，胡希琼．仫佬族的历史与文化．南宁：广西民族出版社，1993

3. 肖永孜，陈洁莲等著．中国仫佬族人口．北京：中国人口出版社，2004

4. 罗日泽，过竹，过伟合著．仫佬族风俗志．北京：中央民族学院出版社，1993

5. 李干芬，胡希琼著．仫佬族．北京：民族出版社，1991

6. 包玉堂主编．仫佬族民间故事．南宁：漓江出版社，1982

7. 章立明，俸代瑜．仫佬族——广西罗城县石门村调查．昆明：云南大学出版社，2004

8. 吴家权主编．罗城仫佬族自治县概况．北京：民族出版社，2009

9. 覃乃昌主编．广西世居民族．南宁：广西民族出版社，2004

10. 何述强．凤兮仫佬．南宁：广西民族出版社，2010

11. 罗城仫佬族自治县县志办编．罗城少数民族风情志（内部资料）．2004

12. 仫佬族简史编写组．仫佬族简史．南宁：广西民族出版社，1983

13. 广西壮族自治区地方志编纂委员会编．广西通志·医疗卫生志．南宁：广西人民出版社，1999

14. 罗城仫佬族自治县志编纂委员会编．罗城仫佬族自治县志．南宁：广西人民出版社，1993